TONI VON ATENS

ZWEI ANGSTHASEN IN SIBIRIEN

TONI VON ATENS

ZWEI ANGSTHASEN IN SIBIRIEN

EIN REISETAGEBUCH ZUM SCHMUNZELN

Über das Buch
„Was, du fährst nach Sibirien?! Dann musst du aber hinterher ganz genau erzählen, was du da so alles erlebt hast!"
Also packte Toni von Atens ein dickes Notizbuch ein, trug es in ihrer Umhängetasche immer griffbereit bei sich und schrieb an Ort und Stelle sofort auf, was gerade eben passiert war. So ist ein absolut authentisches Tagebuch entstanden, das den Leser mit auf die Reise ins ferne Sibirien nimmt, ihn mitleiden, mitlachen und so manches Mal den Kopf schütteln lässt.
Die Namen der meisten Personen wurden geändert. Der Rest ist (leider) wahr.

Über die Autorin
Norddeutsche, Hundeliebhaberin, Weizenbiertrinkerin, Biografin, lebt und schreibt in Berlin, Oldenburg und auf Norderney. Und liebt ihre Reisen in alle Welt – zumindest rückblickend, wenn sie wieder in Sicherheit auf dem heimischen Sofa sitzt…

Impressum
1. Auflage 2016

Covergestaltung: Casandra Krammer, www.casandrakrammer.de
Umschlagmotiv: Shutterstock.com, Depositphotos.com

Toni von Atens
c/o Autorenservices.de
König-Konrad-Straße 22
36039 Fulda

Teil 1: Wie alles begann

Februar

Es war eine von Ninas ellenlangen E-Mails. Wie so oft plauderte sie munter über dies und das. In London hatte sie nach einem Feueralarm im Hotel im Schlafanzug auf der Straße gestanden, im Skiurlaub war sie von einem unverschämten Franzosen über den Haufen gefahren worden, in Basel hatte ihr die Party ihrer russischen Kollegin Ivana den größten Wodka-Absturz ihres Lebens beschert…

Eingehüllt in eine Decke hockte ich behaglich mit meinem Laptop auf dem Sofa und ließ mich von ihren Erlebnissen amüsieren.

Dann kam es, ganz beiläufig am Ende der Mail platziert.

„P.S. Apropos Wodka – Ich hab jetzt endlich die ultimative Urlaubsidee für uns beide. Sie lautet: Sibirien! Genauer gesagt: Transsibirische Eisenbahn!“

Augenblicklich saß ich kerzengerade auf der Sofakante.

Sibirien?!

Eis und Schnee, Wälder und Sümpfe, Verbannung und Straflager. Das alles schoss mir in Sekundenschnelle durch den Kopf. Das alles, mehr aber auch nicht. Mein Fundus an Sibirien-Assoziationen war im Handumdrehen erschöpft.

Schließlich taumelte dann doch noch ein einsames kleines Wort durch mein Hirn, und zwar: Mütze. In den siebziger Jahren besaß meine Mutter eine sehr beeindruckende turmartige Kopfbedeckung aus Opossum-Pelz, und meine kleine Schwester und ich bettelten schon im Herbst: „Mama, kannst du nicht deine Sibirien-Mütze aufsetzen?“ Meist wurde dieser Wunsch natürlich abschlägig beschieden, denn selten nur war es bei uns in Norddeutschland wirklich frostig genug für das wärmende Ungetüm.

„Sibirien! Was soll ich denn in Sibirien?“, fragte ich mich kopfschüttelnd. Warum sollte ich freiwillig in solch ein Kälteloch fahren? Allerdings wollten Nina und ich im August verreisen. Vielleicht würde es zu dieser hochsommerlichen Zeit selbst in Sibirien ein paar warme Tage geben. Andererseits hatte ich vor Urzeiten im Erdkundeunterricht etwas von Permafrostböden gehört. Wo auf dieser Welt sollte man die finden, wenn nicht in Sibirien? Konnte es dann dort überhaupt jemals sommerlich werden?

Ehrlich gesagt war ich mir nicht einmal ganz sicher, wo genau auf der Weltkarte ich diese unwirtliche Gegend suchen musste. Sicher, in Russland. Aber Russland ist bekanntermaßen groß. Und es hatte in meinem bisherigen Leben einfach keine nennenswerte Rolle gespielt. In meiner Liste der erstrebenswerten Reiseziele tauchten zwar Moskau und Sankt Petersburg auf, aber sie standen ganz unten, in der Kategorie „Städtereisen, irgendwann später“. Meine geografischen Kenntnisse über den Rest vom Reiche Iwans waren dagegen – sagen wir mal – dürftig.

Und die Transsibirische Eisenbahn? Sicher, ein Begriff war mir das schon, aber was genau sich dahinter verbarg – ich hatte keine Vorstellung. Bedeutete „trans-sibirisch", dass man einmal quer durch ganz Sibirien reist? Verließ man diesen Zug auch ab und zu einmal, oder ließ man einfach nur Tag um Tag die Landschaft an sich vorbeirauschen? Handelte es sich um einen Luxuszug mit lauter eleganten Passagieren, die in ständig wechselnder Garderobe den Speise- und Salonwagen bevölkern, so wie in Agatha Christies „Mord im Orientexpress"?

Ich wusste also praktisch nichts – bis auf eines: Ich war definitiv nicht das, was man als passionierte Bahnfahrerin bezeichnen würde. Ein Buch von mindestens mittlerem Umfang hätte ich füllen können mit all den Kümmernissen, die mir die Deutsche Bahn im Laufe der Jahre bereitet hatte. Und nun sollte ich einen ganzen Urlaub lang Zugfahren?

Ninas Idee erschien mir einfach absurd. Oder war ihr Vorschlag am Ende gar nicht ernst gemeint? Vielleicht wollte sie nur einen Scherz machen und ich verstand schlichtweg ihren Humor nicht?

Doch was auch immer sie sich gedacht hatte – meine Neugier jedenfalls war geweckt, und so machte ich mich am nächsten Tag auf in das nächstgelegene Reisebüro, um mir erst einmal Informationen zu verschaffen.

Vor mir war offensichtlich noch nie ein Mensch mit ähnlichem Ansinnen dort gewesen, denn der Reiseverkäufer wusste sich überhaupt keinen Rat. Auch der von ihm zu Hilfe geholte Kollege kratzte sich erst einmal hilflos am Kopf, doch schließlich machte er sich freundlicherweise auf die Suche. Nach einer Viertelstunde wurde er fündig und überreichte mir seine Ausbeute von sagenhaften zwei Katalogen: Einer über diverse Zugreisen in aller Welt und einer tatsächlich speziell über die Transsibirische Eisenbahn.

Beim Studium dieser Unterlagen zu Hause bekam ich zwei wesentliche Dinge heraus.

Erstens: Bei der Transsibirischen Eisenbahn handelt es sich nicht um einen bestimmten Zug – im Gegensatz zum Orientexpress. Vielmehr bezeichnet dieser Begriff eine Strecke, genauer gesagt ein ganzes Streckennetz. Die Hauptstrecke der Transsibirischen Eisenbahn – von Kennern kurz „Transsib“ genannt – führt von Moskau nach Wladiwostok am Pazifik, ist 9.258 km lang, und die Fahrt dauert ohne Unterbrechung satte sieben Tage und Nächte.

Zweitens: Die Kataloge bieten ausschließlich organisierte Gruppenreisen an.

Und damit war mir klar: Nina konnte sich unmöglich ernsthaft mit dem Thema Transsib beschäftigt haben. Denn nichts wollten wir beide weniger als uns noch einmal mit nervtötendem Gruppenstress herumzuplagen. Genau den hatten wir nämlich im Jahr zuvor erlebt, auf einer Gruppenreise durch China, bei der wir uns kennenlernten und Freundinnen wurden. Damals schweißte uns beide schon nach kürzester Zeit der unbändige Drang nach Ausbruch aus diesem Trupp von kulturbeflissenen Besserwissern zusammen, und gemeinsam mit dem gleichgesinnten Matthias aus Frankfurt bildeten wir das

„Ausreißer-Trio“, das jede Gelegenheit nutzte, um das Reich der Mitte auf eigene Faust zu erkunden.

Nun malte ich mir aus, wie wir beide mit unserem ausgeprägten Individualdrang wieder in solch einer Reisegruppe hocken, diesmal aber in der Version für Fortgeschrittene: Gefangen in einem Zug, ohne jegliche Rückzugs- oder Absonderungsmöglichkeit.

Nein, das war vollkommen ausgeschlossen!

Ich rief Nina an. Erst einmal galt es ja vorsichtig herauszufinden, ob sie ihren Vorschlag überhaupt ernst gemeint hatte. Doch daran hatte ich schon nach wenigen Sekunden keinen Zweifel mehr. Nina brannte geradezu vor Begeisterung für den Sibirien-Trip. Als ich ihr meine Bedenken wegen der Gruppenproblematik schonend beibringen wollte, fuhr sie mir gleich in die Parade.

„Es ist ja wohl klar, dass wir nicht mit einer Gruppe fahren! Wir beide reisen allein. Und Frau Kretschmann organisiert alles für uns.“

Frau Kretschmann? Während ich mir auf meinem Sofa wohlig schaudernd Alptraumszenen einer Eisenbahngruppenreise ausgemalt hatte, hatte Nina schwungvoll im Internet zum Thema „Transsib“ gefahndet und war auf diese Frau Kretschmann gestoßen, eine Spezialistin für Individualreisen nach Russland mit Sitz in Hamburg. Telefoniert hatten die beiden auch schon miteinander.

Dabei war folgender Plan herausgekommen: Wir würden nicht die klassische Transsib-Strecke von Moskau nach Wladiwostok nehmen, sondern die sogenannte transmongolische Strecke. Unsere Reiseroute würde somit lauten: Moskau – Mongolei – Peking.

Weil Ninas aktueller Arbeitgeber, eine Baseler Bank, ihr nicht mehr als zwei Wochen Urlaub am Stück gewähren wollte, waren Frau Kretschmann und sie die Reiseplanung zeitsparend angegangen. Der erste Teil der Zugstrecke zwischen Moskau und Sibirien sei mehr oder weniger öde, hatte Frau Kretschmann gesagt, den könnten wir uns getrost schenken. Stattdessen sollten wir lieber gleich zum Wesentlichen kommen und direkt ins Herz von Sibirien fliegen, in eine Stadt namens Krasnojarsk. Von dort aus würden wir eine Flussfahrt mit dem Postschiff unternehmen, dann per Auto mit eigenem Fahrer einen Abstecher an den Baikalsee machen, und die restliche Reisestrecke würden wir mit der Transsibirischen Eisenbahn zurücklegen: Einmal quer durch die Mongolei, dann durch die chinesische Mandschurei, Endstation Peking. An jedem Flughafen, Bahnhof oder wo sonst immer wir ankommen würden, stünde jemand zur Abholung bereit. Und untergebracht würden wir mal im Hotel, mal in Privatunterkünften bei Familien.

Ninas Begeisterung steckte mich an. Das war ja wirklich mal eine Art von Reise, wie ich sie noch nie gemacht hatte. Bei russischen Familien übernachten! Von einem Privatfahrer durch die Gegend chauffiert werden!

Außerdem hatte ich auf unserer Chinareise das Gefühl gehabt, von Peking viel zu wenig gesehen zu haben, so dass ich dort wirklich gern noch einmal hinfahren wollte.

Und dazu würde auch noch alles so perfekt durchorganisiert sein. Wenn man nur eine begrenzte Zeit zur Verfügung hat, sollte man nicht den halben Tag damit verschwenden müssen, sich um Unterkunft und Weiterfahrt zu kümmern. Was ich uns ohne jede Spur von russischen Sprachkenntnissen sowieso nicht zugetraut hätte. Ohnehin waren wir beide nicht gerade die verwegensten Weltenbummlerinnen – Nina, die Bankerin, und ich, die Biografin, zwei grundsolide Norddeutsche, dazu noch beide im Zeichen der kontrollsüchtigen Jungfrau geboren. Nie zu wissen, was als Nächstes passiert, war sicherlich nicht das, wovon wir träumten. Abenteuer ja – aber doch ein kontrolliertes, bitte! Und danach sah die Sache ja aus.

„Ok. Ich bin dabei", schrieb ich Nina, und nur unwesentlich später war Frau Kretschmann darüber informiert. Sie war begeistert. Und dachte sich gleich noch eine Steigerung des Erlebnisfaktors aus: Wir sollten die Mongolei nicht einfach nur per Zug durchqueren, sondern dort einen Stopp einlegen und eine sechstägige Jeeptour durch die Wüste Gobi unternehmen, mit Übernachtung in Jurten bei Nomaden.

Was für ein Abenteuer! Spontan stimmten wir zu.

„Au weia!", dachte ich schon gleich danach.

März

Von unserer Abenteuerlust selbst erschreckt beschlossen wir, erst einmal diese Frau Kretschmann näher unter die Lupe zu nehmen. Schließlich wollten wir wissen, wem wir da eigentlich unser Leben anvertrauen würden.

Ich fuhr nach Hamburg und geriet in ein mittleres Chaos. „Kretschmann-Reisen“ war gerade mitten im Umzug. Noch befand sich das Büro in einer Wohnung in der ersten Etage eines normalen Mehrfamilienhauses, mitten in einer reinen Wohngegend. Auf der Straße vor dem Haus hatte ich zunächst sogar Zweifel, ob ich hier überhaupt richtig war. Weder existierte ein Schild noch sonst ein Hinweis. Nur die Beschriftung der Klingel gab Auskunft: „Kretschmann-Reisen“ stand dort ganz diskret. Ein Reisebüro stellt man sich eigentlich anders vor.

Trotzdem klingelte ich und stieg die Treppe hinauf. Von da an blieb keine Zeit mehr für Bedenken. Frau Kretschmann kam wie ein Orkan über mich. Mit einem forschen „Moin“ drückte mir die große dunkelhaarige Frau die Hand, mit einem plattdeutschen „Set di hen“ verwies sie mich auf den einzig verbliebenen Stuhl zwischen den Umzugskartons, und mit einem Becher Kaffee in der Hand durfte ich dann auch endlich etwas sagen: Ob wir denn an dem Reiseverlauf, den sie uns zwischenzeitlich erstellt hatte, noch etwas geändert haben wollten.

Kaum hatte ich den ersten Wunsch geäußert, da schleuderte sie sich auf ihrem Drehstuhl in Richtung Computer und tippte wild los. Zwischendurch klingelte das Telefon und sie beschimpfte den Menschen am anderen Ende der Leitung in rasendem Russisch.

Dann ging die Tür auf. Ein Mann kam herein, begrüßte mich und sagte etwas auf Russisch zu ihr. Ich muss fragend geguckt haben, denn sie erläuterte: „Das ist mein Mann. Er hat gesagt, dass Du eine schöne Frau bist." Und drehte sich wieder zu ihrem Computer, so dass mir etwas Zeit vergönnt war, um meine knallrote Bombe wieder abkühlen zu lassen. Gute Verkaufsstrategie – die weibliche Kundschaft mit Schmeicheleien in Verwirrung stürzen.

Nach einer guten halben Stunde stand ich wieder auf der Straße, noch immer perplex angesichts des Gesamtereignisses Kretschmann, und war mir sicher: Mit dieser Frau werden wir die Reise machen.

April

Wir besorgten uns verschiedene Reiseführer, sprachen mit reiseerfahrenen Leuten, recherchierten im Internet – und bekamen Zweifel. Speziell was die Fahrt durch die Wüste anbelangte. Was musste ich nicht alles Erschreckendes zu diesem Thema lesen!

Zum einen über die Wüste Gobi selbst: Es würde keinen triftigen Grund geben, sich freiwillig den Strapazen, Gefahren und der tagelangen Tristesse einer Fahrt durch die Gobi auszusetzen. Denn alles, was diese Wüste ausmache, nämlich spärliche Vegetation, Sanddünen und Kamele, könne man ebenso gut auch in anderen Gegenden rund um die Hauptstadt Ulan Bator erleben.

Zum anderen über die mongolischen Reisebegleiter: Man habe immer einen ganzen Stab von Leuten bei sich im Jeep, nämlich Fahrer, Dolmetscher und Koch, die diesen Job aber nur nebenbei machen und dementsprechend unprofessionell zu Werke gehen würden. Und nicht zuletzt würden alleinreisende Frauen als schutzlos gelten; jeder Mann meine sie deshalb beschützen zu müssen, wobei das Beschützen durchaus sexuelle Übergriffe beinhalte.

Und so einem Horrorszenario sollten wir beiden Sicherheitsfanatikerinnen uns aussetzen? Sechs Tage in der Wüste allein mit drei mongolischen Männern? Nicht mit uns!

Oder vielleicht doch?

Ich rief Frau Kretschmann an.

„Also, das ist doch alles Blödsinn. Meinen Sie, ich würde Sie beide dort hinschicken, wenn es so gefährlich wäre?!“

Fürs Erste beruhigte uns diese Antwort. Man muss auch mal vertrauen können.

Zeitgleich trat aber ein anderes, ernstes Problem auf: Die Infektionskrankheit SARS in China. Alle Welt war in Panik, und es war nicht abzusehen, wie diese Angelegenheit sich entwickeln würde. So legten wir die Reise erst einmal komplett auf Eis.

In der Wartezeit zogen wir für den Notfall auch andere Reiseziele in Betracht: Peru, Guatemala, Kuba und Indien hatten wir im Angebot. Und Nicaragua. Unsere Umgebung amüsierte sich sehr über unsere weltumspannenden Pläne. Und man unterbreitete uns noch mehr Vorschläge. Wie es denn mit einer hübschen Reise durch die USA sei? Florida zum Beispiel sei doch für uns ängstliche Naturen sehr geeignet. Wenn man in Miami nicht ausgerechnet gleich die falsche Abfahrt nähme, sei die dortige Gefahrenlage doch überschaubar. Und tödliche Ansteckungskrankheiten schwirrten dort derzeit auch nicht durch die Luft. Oder Neuseeland. Auch von diesem Ende der Welt höre man eher selten Dramatisches. Die meisten allerdings sahen uns schon in Südafrika – natürlich unter weiträumiger Vermeidung von Johannesburg, der angeblich kriminellsten Stadt der Welt.

Allem Hohn und Spott zum Trotz raunte mir jedoch eine innere Stimme zu: „Du wirst dieses Jahr noch in Russland sein.“

Ich glaubte ihr. Und fing an, Russisch zu lernen. Mit einem Buch- und CD-Selbstlernkurs. Zuerst nur spaßeshalber, denn ich rechnete nicht ernsthaft damit, die kyrillischen Buchstaben auf die Schnelle erlernen zu können. Doch es ging erstaunlich gut, und der Ehrgeiz packte mich. Zumindest Straßenschilder entziffern, Höflichkeitsworte sagen und nach dem Weg zur Toilette fragen können wollte ich.

Mai

Nach vielen Telefonaten und Risikoabwägungen entschlossen wir uns schweren Herzens, China aus dem Reiseverlauf komplett zu streichen. Unsere Reise sollte zwar erst im August stattfinden und SARS schien schon auf dem Rückzug, aber niemand konnte mit Sicherheit sagen, wie sich alles entwickeln würde. Dann würden wir eben mehr Zeit in Sibirien verbringen und die Reise in der Mongolei enden lassen.

Immer noch nicht geklärt hatten wir allerdings den Teil mit der Wüste. Nina hatte auch noch einmal bei Frau Kretschmann angerufen und sich versichern lassen, dass es wirklich nicht zu gefährlich sei. Aber der Argwohn saß tief bei uns beiden, wie wir in unseren Telefonaten merkten:

„Selbst wenn das mit den sexuellen Übergriffen nicht stimmt, aber auf jeden Fall ist man doch wildfremden Menschen auf Gedeih und Verderb ausgeliefert!"

„Und was passiert wohl, wenn man mitten in der Wüste ist und sich verletzt, sich vielleicht schneidet oder so? Von einem Beinbruch gar nicht zu reden."

„Und überhaupt: Verträgst Du eigentlich Hitze gut? Nein? Ich ja auch nicht."

Wir taten uns extrem schwer mit der Abwägung zwischen Abenteuer und Sicherheit. Das ständige Hin- und Her begann langsam, an unseren Nerven zu zerren.

Juni

Über Pfingsten verbrachte ich ein paar Tage in Berlin. Als ich am ersten Abend allein bei einem Thailänder am Prenzlauer Berg essen ging, kam ich ins Gespräch mit meinem Nebenmann, einem langhaarigen Alt-Hippie. Ziemlich schnell hatten wir ein gemeinsames Thema gefunden, das Reisen nämlich, und ich erzählte ihm von unseren Plänen und Unsicherheiten.

„Wie viel Wüstenerfahrung hast du denn schon?“, fragte er.

„Äh... eigentlich keine... so direkt...“

„Aber in der Sahara warst du doch sicher schon.“

„Nein, ehrlich gesagt nicht.“

„Und dann willst du in die Gobi?! Die härteste Wüste der Welt?!“

Ohne Übertreibung – der Mann war fassungslos. Und ich noch verunsicherter. Wenn das überhaupt noch möglich war.

Am nächsten Tag traf ich mich mit unserem Chinareise-Freund Matthias, der ebenfalls für ein paar Tage in Berlin war. Als ich ihm von der bevorstehenden Reise und all unseren Bedenken erzählte, fragte er, ob es vielleicht sein könne, dass sowohl Nina als auch ich die Reise eigentlich gar nicht mehr machen wollten und wir nur der jeweils anderen zuliebe nicht absagten. Traf er damit etwa den Nagel auf den Kopf?

Wieder zu Hause angekommen, schickte ich eine lange Krisen-E-Mail an Nina. In dem anschließenden Telefonat wurde uns dann klar: Beide wollen wir die Reise, aber beide wollen wir nicht in die Wüste. Uns fiel ein Stein vom Herzen, als es dann doch so einfach ging.

Ich rief Frau Kretschmann an.

„Ja, hallo Frau Kretschmann, von Atens hier."

„Atens... Atens...", murmelte sie mit hörbarem Fragezeichen in der Stimme. Schließlich hatte sie schon seit einiger Zeit nichts mehr von uns gehört.

„Ja, Toni von Atens und Nina Fischer", half ich ihr auf die Sprünge.

„Ach, natürlich!", rief sie, „Fischer/von Atens. Meine zwei Angsthasen!"

Konnte ich gegen diese Einstufung protestieren? Frau Kretschmann hatte ja recht.

Unsere Entscheidung gegen die Wüste nahm sie gleichmütig hin.

„Kein Problem, dann sind Sie eben länger in Sibirien. Da schlage ich Ihnen vor, ein paar Tage auf einer Insel im Baikalsee zu verbringen. Olchon heißt sie. Dort ist es zauber-haft. Ich stell Ihnen da mal was Hübsches zusammen..."

Juli

Alles nahm Gestalt an. Der Reiseverlauf stand im Großen und Ganzen, die Flüge waren reserviert, Ruhe konnte einkehren.

Doch nun lief Nina zur Höchstform auf. Hier nur mal ein Tag als Beispiel:

Vormittag. Ich sitze gerade schwitzend im Auto, bin auf verzweifelter Parkplatzsuche. Anruf Nummer eins von Nina.

„Was hältst Du eigentlich davon, wenn wir in Moskau ins Bolschoi-Theater gehen? Der Vater meiner Kollegin Ivana kann uns Karten besorgen. Allerdings müssten wir dann schon einen Tag früher fliegen, sonst kommt ja der ganze Zeitplan durcheinander. Ich check mal, ob das geht. O.k.?“

Mittag. Ich schiebe gerade fröstelnd meinen Einkaufswagen durch die so genannte Kühlzone eines Supermarktes. Anruf Nummer zwei von Nina.

„Also, wenn wir schon einen Tag früher fahren wollen, gibt es nur noch einen späten Flug und wir kommen erst nach Mitternacht in Moskau an. Und Frau Kretschmann sagt, dass die Einreise sich ewig lange hinziehen kann und es meist noch Stunden dauert, bis man dann im Hotel ist. Das ist ja blöd. Aber ich guck noch mal im Internet, vielleicht find ich ja noch einen besseren Flug. O.k.?“

Abend. Ich stehe gerade spärlichst bekleidet in der Umkleide im Fitnessstudio. Anruf Nummer drei von Nina.

„Eigentlich ist die Idee doch sowieso blöd. Wir können ja nicht mit Trekking-Klamotten ins Bolschoi-Theater gehen. Aber nur für einen einzigen Abend schicke Sachen einpacken und dann immer mitschleppen? Ach, ich finde, wir lassen das. O.k.?

O.k.!

Frau Kretschmann fragte an, ob sie unsere Flüge nun endlich fest buchen solle.

Ich sagte „Ja“, denn für mich war alles ganz einfach: Mit dem Zug nach Frankfurt fahren, bei Matthias übernachten, am nächsten Morgen mit Aeroflot nach Moskau fliegen.

Nina sagte „Nein“, denn sie hatte ein Problem: Von Basel nach Frankfurt zu fliegen sollte sage und schreibe sechshundert Franken kosten. Die Alternative Zug schied aus, weil es bei unserer Rückkehr aus Russland am späten Abend keine Rückfahrt von Frankfurt nach Basel mehr geben würde, sie aber unbedingt an diesem Abend noch in Basel ankommen musste.

Nun gab es verschiedene Möglichkeiten:

Plan Nummer eins: Nina fliegt mit Swissair direkt von Zürich nach Moskau und landet dort auf einem Flughafen namens Domodjedowo. Ich komme mit meiner Aeroflot einige Zeit später angeflogen, allerdings an einem anderen Flughafen namens Scheremetjewo. In der Zwischenzeit hat Nina sich schon in ein Taxi geschwungen und nimmt mich dann bei meiner Ankunft in Empfang.

„Schnapsidee“, war mein instinktiver erster Gedanke.

„Njet!!“, sagte Ninas russische Kollegin Ivana, die aus Moskau kommt. „Du bist eine Frau, Du reist allein, Du hast keine Erfahrung mit Russland, du sprichst kein Russisch. Du wirst an diesem anderen Flughafen niemals heil ankommen!“

O.k., Plan gestrichen. Und jetzt bloß nicht weiter über den tieferen Sinn von Ivanas Information nachdenken…

Plan Nummer zwei: Wir treffen uns in München und fliegen von dort aus gemeinsam. Auch Quatsch. Für uns beide umständlich.

Plan Nummer drei: Nina fliegt von Basel aus mit Lufthansa. Sie landet irgendwann vor mir in Moskau, und zwar ebenfalls am Flughafen Scheremetjewo, und wartet dort dann auf mich.

Gut. Angenommen. Auch wenn ich nicht wirklich scharf darauf war, allein zu fliegen...

Dann stellte sich die Frage, was man auf dieser Reise denn so alles brauchen würde. Nach allem, was wir inzwischen in Erfahrung gebracht hatten, würden wir nichts zum „Schickmachen“ benötigen. Praktisch und hemdsärmelig lautete die Devise.

Frau Kretschmann hatte ganz aktuell einen Reiseführer „Transsib“ herausgebracht und riet in diesem unter anderem zu folgenden Dingen:

Trockenshampoo
Feuchte Waschlappen
Sagrotantücher
Hochwirksames Mückenmittel
Toilettenpapier

Taschenlampe
Baumwollschlafsack
Schnelltrocknendes Handtuch
Gastgeschenke
Trekkingbekleidung
Regenjacke
Turnschuhe
Pullover
Nun ja, einige dieser Dinge ließen einen ja schon ins Grübeln kommen… Aber wir folgten allen Ratschlägen brav. Nur die Suche nach feuchten Waschlappen ließ Nina beinahe verzweifeln. So etwas braucht man in der Schweiz wohl nicht.

Frau Kretschmanns Reiseführer löste aber gleichzeitig neue Ängste in uns aus.

So schreibt sie, dass man bei der Einreise nach Russland sein mitgebrachtes Bargeld unbedingt beim Zoll anmelden muss, und zwar auf einem bestimmten Formular, das dann vom Zollbeamten mit einem Stempel versehen wird. Kann man diesen Stempel bei der Ausreise nicht vorweisen, kann es passieren, dass man sämtliches Geld abgeben muss. Seit einiger Zeit ist nämlich die Ausfuhr fremdländischer Währungen aus Russland verboten, es sei denn, man ist im Besitz besagten Stempels.

So weit so gut. Das Problem ist nur: Die russischen Zollbeamten weigern sich zumeist, diesen Stempel zu erteilen.

Da mich dieser Punkt wirklich sehr beunruhigte, rief ich Frau Kretschmann an und fragte, was ich denn in so einem Fall tun solle.

„Na, ganz einfach“, so ihre Antwort, „dann verlangst du eben nach dem *direktor* oder *manager*“. (Letzteres nicht englisch, sondern mit deutschem a ausgesprochen).

Die hatte leicht reden, die Frau Kretschmann, mit ihrer respekteinflößenden Körpergröße, dem energischen Auftreten und – nicht zuletzt – ihrem perfekten Russisch.

August

Jahrhundertsommer in Deutschland. Selbst in Norddeutschland Temperaturen weit über 30 Grad. Schwer vorzustellen, dass es irgendwo kühler sein könnte. Und die sibirischen Sommer sollen auch sehr schön und warm sein, zumindest in den Regionen, in die Frau Kretschmann uns schickte. Der von mir befürchtete Permafrostboden war erst deutlich weiter nordöstlich zu finden. Aber trotzdem, man wusste ja nie… Vorsichtshalber warf ich einen Blick ins Internet unter wetter.com. Moskau und Ulan Bator, die Hauptstadt der Mongolei, meldeten Sonne und 25 Grad, in Irkutsk war es wohl gelegentlich etwas regnerisch, aber nicht allzu viel kälter. Nach diesen Informationen richtete ich meinen Kofferinhalt aus.

Das Visum hatte Frau Kretschmann für uns besorgt. Aber leider – warum auch immer – schickte sie es mitsamt unseren Reisepässen erst auf den letzten Drücker an uns ab.

Bei mir kamen die Unterlagen drei Tage vor Abflug an.

Bei Nina nicht. Auch nicht am nächsten Tag. Sie setzte wieder einmal Himmel und Hölle in Bewegung, aber es war nicht aufzuklären, wo die Papiere sich befinden. Der Kurierdienst hatte die Lieferung angeblich längst am Empfang der Bank abgegeben, in der sie arbeitete, und nun schwirrte das Ersehnte wohl durch die Abteilungen.

Als ich einen Tag vor Reisebeginn schon im Zug nach Frankfurt saß, kam um 12.34 Uhr ihre SMS: „Hab immer noch keinen Pass. Das kann ja spannend werden."

Ich sah mich schon wieder auf der Rückfahrt, spätestens am nächsten Tag. Wenn ich nicht ganz sicher sein konnte, Nina am Flughafen in Moskau anzutreffen, würde ich mich auf keinen Fall ins Flugzeug setzen.

Doch um 14.23 Uhr dann endlich die Erlösung: „Pass ist da. Hurra! Wir fliegen!"

Teil 2: Die Reise

09. August – Auf nach Russland

Samstag, 09. August
11.45 Uhr

Flughafen Frankfurt. In der Abflughalle 1b. Vor der Abflugtafel.

Ich hasse diesen Flughafen! Ordnungsgemäß stehe ich hier gut zwei Stunden vor Abflug, und jetzt ist noch nicht einmal mein Flug angezeigt – und ich habe somit nicht den Hauch einer Ahnung, wohin ich mich zum Einchecken begeben muss. Dabei sehe ich hier auf der Tafel Flüge, die erst in vier Stunden losgehen. Nur nicht meinen. Wenn wenigstens irgendein anderer Flug von Aeroflot angezeigt wäre, dann wäre ja die Wahrscheinlichkeit groß, dass dort auch mein Flug abgefertigt wird – aber Fehlanzeige. Nicht ein einziger Aeroflotflug.

Ehrlich gesagt bin ich mir ja sowieso sicher, dass ich in der falschen Halle stehe. Auf dem Schild draußen am Gebäude waren Massen von Fluggesellschaften aufgeführt; Aeroflot habe ich nicht gesehen. Ich wollte gar nicht aus Matthias` Auto aussteigen, aber er ließ nicht mit sich reden.

„Ich hab das vorhin im Internet gecheckt, wir sind richtig hier.“ Punkt.

„Ja, aber...“

„Du gehst da jetzt rein! Grüß Nina von mir, und viel Spaß!“

Mit reisefiebrigen norddeutschen Nervenbündeln wird in Hessen kurzer Prozess gemacht. Einfach auf die Autotür und raus mit dem Angsthasen. Ist doch egal, ob hier der richtige Terminal ist, die kann ja auch ruhig mal ein Stück laufen, vielleicht beruhigt sie sich dann ja…

12.05 Uhr

Na gut, ich gebe zu: Matthias war im Recht. Ich bin wirklich richtig hier.

Ungefähr fünf Minuten habe ich einfach meditierend mitten in der Halle herumgestanden und nur vor mich hin geatmet, und als sich dann auf der Abflugtafel immer noch nichts tat, entschloss ich mich, einfach mal versuchsweise in irgendeine Richtung loszuziehen. Mein Instinkt gebot mir, nach links zu trotten, und siehe da, schon gleich nach der ersten Kurve befand sich doch tatsächlich der Aeroflot-Schalter. Und dann ging auch noch alles glatt: Es gab keine Schlangen, trotz intensiver Durchleuchtung fand man keine Bombe in meinem Gepäck, und mit meinem Ticket war auch alles in Ordnung. Jetzt sitze ich hier leicht verdutzt gegenüber dem Schalter und habe plötzlich unerwartet viel Zeit bis zum Abflug.

12.13 Uhr

Mein Handy klingelt. Anruf von Nina.

„Hallo! Ich wollte nur mal fragen, wo du gerade bist. Sitzt du noch mit Matthias beim Frühstück?“

„Was, wie kommst du denn darauf? Ich bin doch längst am Flughafen."

„Echt? Ich auch."

„Wie, immer noch in Basel?"

„Nee, auch in Frankfurt. Hab ich dir nicht gesagt, dass ich hier eine Zwischenlandung habe? In zwanzig Minuten geht´s weiter"

13.10 Uhr

Natürlich bin ich gleich zu ihrem Gate gehetzt. Wir waren beide bass erstaunt, wie man so sagt, und vor allem sehr frohgemut über unser unerwartetes Treffen. Welches ja nicht so unerwartet hätte sein müssen, wenn wir uns vorher einfach mal ordnungsgemäß über unsere Flugrouten ausgetauscht hätten. So oft haben wir telefoniert und gemailt, aber anscheinend war es für uns wichtiger, solch brennende Fragen zu klären wie die, wer von uns einen Fön mitnimmt und ob man vorsichtshalber vielleicht ein Paket Pumpernickel einpacken sollte (was wir nach langem Überlegen letztlich doch unterlassen haben).

Irgendwie war es ein merkwürdiges Gefühl, als dann Ninas Flug aufgerufen wurde, ich ihr nachwinkte und sie mir im Gehen zurief: „Bis gleich dann!". Ich wäre am liebsten mitgegangen. Warum fliege ich eigentlich nicht auch Lufthansa? Warum denn ausgerechnet Aeroflot? Gab es da einen triftigen Grund? Vielleicht haben alle Beteiligten bei dem Hin und Her in der Vorbereitung einfach den Überblick verloren…

13.35 Uhr

Jetzt bin ich in meinem eigenen Abflugbereich. Um 14.05 Uhr soll es losgehen.

Um mich herum befinden sich augenfällig lauter Russen. Richtig Spektakuläres gibt es allerdings nicht zu betrachten. Mir schräg gegenüber sitzt mit überschlagenen Beinen ein recht attraktiver jüngerer Mann mit peinlich genau gezogenem Seitenscheitel im akkurat geschnittenen dunklen Haar, dazu trägt er erstaunlicherweise einen Drei-Tage-Bart. Dabei war doch in „Kulturschock Russland“ zu lesen, dass Unrasiertsein dort überhaupt nicht angesagt ist. Gekleidet ist er mit einem weißen T-Shirt, einer grünen Stoff-Bundfaltenhose und dazu beige-grauen Slippern mit Socken in exakt derselben Farbe.

Was ich im „Kulturschock“ übrigens noch gelesen habe: Die russische Frau an sich trägt ihr Haar gern lockig und rot. Eine solche Dame sehe ich hier auch prompt. Sie ist mittleren Alters und trägt besagte Locken sehr hochgetürmt; dazu ist sie reichlich füllig und wischt sich halbminütlich den Schweiß mit einem lilafarbenen Taschentuch ab. Und zwar sehr ungeniert auch aus den Achselhöhlen.

13.57 Uhr

Jetzt geht es los. Der Flug wird gerade aufgerufen. Mit dem geplanten Abflug um 14.05 Uhr wie geplant wird es wohl nichts werden, das ist ja nicht mehr zu schaffen.

Ach du meine Güte, was ist denn hier für ein Tumult losgebrochen? Während ich die letzten drei Sätze ins Notizbuch geschrieben habe, sind alle, aber auch alle wie von der Tarantel gestochen aufgesprungen und haben zwei unfassbar lange und dicht gedrängte Schlangen gebildet, in denen geschubst und geschoben wird. Der russische Reisende ist kein entspannter Reisender – behaupte ich jetzt mal bei diesem Anblick.

Ich bleibe erst mal hier sitzen. Zwischen diesen drängenden Menschenmassen eingekeilt zu stehen kann ich nicht verkraften.

14.20 Uhr

Im Flugzeug, noch in Frankfurt

Kaum befinde ich mich in russischer Umgebung (als solche empfinde ich das Innere der Aeroflot-Maschine, auch wenn wir noch auf deutschem Boden stehen), da habe ich mir doch glatt schon den ersten Schnitzer geleistet! Kaum zu glauben, aber leider wahr: Ich konnte meinen Sitzplatz nicht finden! Üblicherweise befinden sich doch die Sitzplatznummern in Flugzeugen oberhalb der Sitze, für jeden leicht zu sehen. Nicht so in russischen Flugzeugen. Mir war absolut schleierhaft, woran ich mich orientieren sollte. Den anderen Menschen ging es aber offensichtlich nicht so, die platzierten sich mit großer Selbstverständlichkeit. Ernsthaft aufgeschmissen entschloss ich mich, die Hilfe eines sehr blassen Flugbegleiters in Anspruch zu nehmen. Der Mann deutete ohne jede Spur von Freundlichkeit auf die Rückseite eines Sitzes – und siehe da, dort stand eine Zahl. Ach so!

Doch damit hatte diese kleine Episode leider ihr Ende noch nicht gefunden, denn – Hilfe, gerade schiebt eine dicke Dame mit stark blondiertem Haar ihren Busen genau vor meine Augen! Mein erster Kontakt mit der angeblich so ausgeprägten russischen Körperlichkeit! – also, jedenfalls, ich ging davon aus, dass die Nummer, die zu einem Sitzplatz gehört, sich auf der Rückseite des Sitzes davor befindet. Sonst müsste man beim Suchen seines Platzes ja erst hinter den Sitz gehen und nachsehen, welche Nummer er hat, um dann wieder zurückzugehen und sich draufzusetzen. In diesem Sinne suchte ich also meine Nummer 19 C – und prompt war der dazugehörige Sitz besetzt. Ich war empört. Während mein Gehirn sich noch mit der Auswahl der passenden Sprache für die Vertreibung des Falschsitzers beschäftigte, schnappte mein Mund schon nach Luft und setzte zur Beschwerde an. Aber der muffige Flugbegleiter war mir gefolgt und deutete missmutig auf den Sitz davor, der leer war und schon lange auf mich wartete. Kleinlaut setzte ich mich. Das Sitzplatznummernsystem im Flugzeug nicht verstehen – blamable Angelegenheit!

14.23 Uhr

Nachdem ich mit geröteten Wängelein schamgebeugt eine angemessene Zeit auf meine Knie gestarrt habe, linse ich gerade verstohlen nach links zu meinem Nebenmann, und wer ist es? Der Mann mit den beige-grauen Slippern! Die hat er inzwischen allerdings schon ausgezogen. Sie lugen malerisch unter seinem Vordersitz hervor.

14.40 Uhr

Jetzt rollen wir los. Laut Durchsage beträgt der Flug zwei Stunden und fünf Minuten. Das kann aber doch nicht stimmen! Muss doch länger dauern. Hab ich nicht irgendwas von drei Stunden gelesen?

14.43 Uhr

War ein Irrtum mit dem Losrollen. Es ging nur ca. zwanzig Meter rückwärts. Jetzt stehen wir wieder in der Gegend herum.

Der Slippermann hat die ganze Zeit seinen Arm auf der Lehne zwischen uns geparkt. Schon wieder diese russische Körperlichkeit. Ich fürchte, davon werde ich kein Fan werden.

14.54 Uhr

Oh nein, der Slippermann ist erkältet!

15.02 Uhr

Endlich!! Wir haben abgehoben. Na immerhin, nur eine Stunde Verspätung. Arme Nina, nun muss sie so viel länger auf mich warten. Genau wie der Mensch, der uns am Flughafen in Moskau abholen soll, um uns ins Hotel zu fahren. Ein Viktor.

Es ist übrigens unglaublich heiß hier. Bin schon jetzt klebrig-schmuddelig.

Nebenbei gesagt fühle ich mich sehr unvollständig. Ich bin nämlich das erste Mal seit geschätzten zwanzig Jahren ohne meine Ohrstecker unterwegs. Die habe ich aus Sicherheitsgründen rausgenommen, weil ich mehrfach gewarnt wurde: „Nimm bloß keinen wertvollen Schmuck mit!“ Nicht, dass ich solchen überhaupt besäße, es sind simple kleine Glassteine, die meine Ohrläppchen normalerweise zieren. Allerdings überraschte mich erst vor kurzem eine Mitsängerin aus meinem Chor mit der Frage „Sind das etwa Brillanten?“, und genau wie sie könnten schließlich auch andere Leute diesem Irrtum unterliegen. Man muss das Unheil ja nicht heraufbeschwören. Aber jetzt, wo da nichts mehr ist in meinen Ohrläppchen, muss ich wie unter Zwang ständig hinfassen.

15.18 Uhr

An der Decke über den Passagieren befinden sich nicht nur keine Platznummern, sondern auch sonst nichts. Kein Gebläse, keine Leselampe und auch kein Lämpchen, das der Stewardess anzeigt, dass man nach ihr geklingelt hat. Aufgefallen ist mir das erst, als ein Herr zwei Reihen vor mir versuchte, durch ausuferndes Schwenken des Armes die Aufmerksamkeit des Personals auf sich zu lenken. Es ist ihm nicht gelungen.

15.34 Uhr

Mir sieht man die Deutsche ja wohl zehn Meilen gegen den Wind an – sagt man so? Slippermann wurde ganz selbstverständlich auf Russisch nach seinem Getränkewunsch gefragt, und ich ebenso selbstverständlich auf Deutsch. Oder lag es an dem deutschen Reiseführer, der auf meinem Schoß liegt?

Apropos Reiseführer: Bin schon wieder beunruhigt, weil ich darin gerade gelesen habe, dass man eine Einreisekarte ausfüllen und darin angeben muss, von wem man die Einladung nach Russland erhalten hat. Das weiß ich doch nicht! Hat doch alles Frau Kretschmann gemacht!

Ein bisschen verfluche ich unsere chaotische Anreiseplanung inzwischen. Ich würde mich sehr viel wohler fühlen, wenn Nina jetzt hier neben mir säße und wir uns wenigstens gemeinsam Gedanken machen könnten.

16.21 Uhr

Über Flugzeugessen zu meckern ist ja eigentlich müßig, aber dennoch muss ich es tun. Der Lachs, der unter der Alufolie auftauchte, war optisch zwar ansprechend, aber staubtrocken. Dazu gab es einen mindestens genauso drögen Reis, daneben kullerten einige einsame Erbsen orientierungslos umher. Dennoch vertilgte ich einen Großteil dieses Mahls; wer weiß, ob man heute noch irgendwo etwas bekommt. Erst dann entdeckte ich einen Beutel Mayonnaise. Den hätte ich vermutlich über alles drüberkippen sollen. So ein fettiger Film über allem hätte die Feuchtigkeitsmängel natürlich ein wenig kaschiert.

Interessant war auch der Salat: Möhren und Eisbergsalat winzigst klein geschnippelt, vermischt mit Rosinen und alles mit einem sehr süßen Dressing durchmatscht. Hoffentlich ist das alles kein Vorgeschmack auf die russische Küche generell.

16.40 Uhr

Was ist denn jetzt eigentlich mit dieser Einreisekarte? Die bekommt man doch normalerweise schon im Flugzeug ausgehändigt, damit man sie in Ruhe ausfüllen kann. Ob ich danach fragen soll? Aber im Moment will mir der englische Ausdruck dafür partout nicht einfallen.

Mensch, ich muss mich wirklich langsam mal entspannen! Das wird sich schon alles ergeben, wie immer. Ich reise doch nicht zum ersten Mal!

17.43 Uhr

Wir setzen zur Landung an! Das waren ja nun doch fast drei Stunden. Von wegen zwei Stunden und fünf Minuten… Aber apropos Zeit: Ich muss jetzt dringend meine Uhr umstellen. Zwei Stunden nach vorne. Jetzt ist es also schon fast viertel vor acht.

20.05 Uhr Ortszeit Moskau

Flughafen Scheremetjewo

Was will dieser Mann in seinem Glaskasten von mir? Warum wedelt der fortwährend mit seiner Hand und starrt mich so angewidert an, als hätte ich einen toten Fisch in der Handtasche? Und wieso schiebt der mir meinen Pass wieder her, ohne ihn überhaupt aufgeschlagen zu haben? Ich versteh überhaupt nichts. Aber ich geh jetzt einfach mal zurück, ich glaube, das will er.

20.07 Uhr

Wie peinlich! Erst mache ich mir ausufernde Gedanken über die Einreisekarte, und dann versuche ich doch glatt, ohne eine solche ins Land zu gelangen. Dabei sind doch all die Menschen, die hier an den Tischen stehen und Formulare ausfüllen, gar nicht zu übersehen. Mein Gott, bin ich eine Reisedilettantin!

20.10 Uhr

Nun ist aber alles glatt gelaufen, und das, obwohl ich den Punkt „Einladung von..." einfach übergangen habe. Der Einreisebeamte allerdings war an Muffigkeit nicht zu überbieten. Dabei hatte ich mich extra in eine andere Schlange gestellt, um dem grimmigen Menschen von vorhin nicht noch einmal zu begegnen.

Die Glaskästen, in denen die Einreisebeamten thronen, sind übrigens so gebaut, dass man sich als Einreisender ganz tief nach unten beugen muss, um seine Papiere durch die Luke zu schieben. Ich habe irgendwo gelesen, dass das generell bei russischen Behörden so ist, um auch in körperlicher Hinsicht eine Demutshaltung des Bürgers vor der Obrigkeit zu erzwingen.

20.12 Uhr

Mein Handy klingelt. Nina. Völlig aufgelöst.

„Wo bist du, wann kommst du? Ich kann diesen Viktor einfach nicht finden!"

Na toll. Aber ich muss jetzt erst mal zum Zoll, mein Bargeld anmelden. Habe Angst, dass ich da den „manager" rufen muss...

20.17 Uhr

Kaum zu glauben, aber ich habe soeben ohne jegliche Probleme diesen so wichtigen Zollstempel für mein eingeführtes Geld bekommen. Der Beamte hat nur einen sehr müden Blick auf mein – diesmal von vornherein ordnungsgemäß ausgefülltes – Formular geworfen und es mit stoischer Miene abgestempelt.

Allerdings hat mich etwas anders stutzig gemacht: Ich war weit und breit die einzige Person, die überhaupt durch den Zoll gegangen ist. Hm.

20.22 Uhr

Toll. Jetzt steh ich hier in der Flughafenhalle am Ausgang, und nicht mal Nina ist da, geschweige denn ein Viktor mit Schild.

20.26 Uhr

Handy sei Dank, wir haben uns. Nina stand an Ausgang B, ich kam aber an Ausgang A raus. Von wegen, „Da können Sie sich gar nicht verfehlen", Frau Kretschmann!

20.33 Uhr

„Guten... Abend? Mein Name... Viktor."

Ein moppeliger Mittvierziger mit schütterem Haar steht plötzlich vor uns und schüttelt uns die Hand. Woher er auf einmal kommt, wieso er nicht wie angekündigt schon eine Stunde zuvor Nina in Empfang genommen hat – egal. Er zieht unsere Koffer hinter sich her, und wir folgen.

Nina ist allerdings noch misstrauisch.

„Wie können wir denn sicher sein, dass das der Richtige ist? Der hat ja nicht mal ein Schild mit unserem Namen drauf! Vielleicht hat der uns die ganze Zeit beobachtet, wir standen ja lange genug rum", zischelt sie mir zu.

„Aber woher soll er denn wissen, dass wir ausgerechnet auf einen Viktor gewartet haben?"

„Ja, stimmt, na ja, gut, wir werden sehen..."

20.53 Uhr

Unglaublich, in was für einer Karre wir gerade sitzen! Ein Lada, außen zwischen seinen Roststellen weiß, innen ausgelegt mit bunt bestickten Decken, ohrenbetäubend knatternd und unfassbar nach Benzin stinkend.

Viktor wird nicht müde, uns auf die kapitalistischen Errungenschaften hinzuweisen, die sich am Rande der Autobahn in Richtung Moskau befinden. Ikea. Metro. Mc Donald`s, hier allerdings Makdonalds geschrieben und in Moskau 44 mal vertreten.

Wir sitzen entspannt hinten im Wagen und tauschen unsere Flugerlebnisse aus. Ninas Flug ist komplett anders verlaufen als meiner. Als Vielfliegerin bekam sie ein Upgrade in die Businessclass. Und als Sitznachbarn hatte sie keinen erkälteten Slippermann, sondern einen Feuerökologen. Was das ist? Jemand, der die Einsätze zum Löschen von großen Waldbränden leitet. Im Fall von Ninas Sitznachbarn sogar weltweit. Im Sommer sei am Baikalsee eine Fläche von der Größe Deutschlands abgebrannt, erzählte er. Bei uns war dieses Drama wohl keine größere Meldung wert, ich jedenfalls habe davon nichts gehört. Jetzt gerade war er auf dem Weg in die Mongolei. Er hat versprochen, ihr seinen Bildschirmschoner zu schicken, auf dem ein Riesenfeuer zu sehen ist mit einem Fluss im Vordergrund, in dem zwei Rehe um ihr Leben schwimmen. Schrecklich!

21.35 Uhr

Wir sind da. Das Hotel Rossija ragt vor uns in den dunklen Himmel. Ein Monstrum von heruntergekommenem Plattenbau. Es hat sechstausend Betten und ist das größte Hotel der Welt! Sagt zumindest Viktor.

21.45 Uhr

Nina betritt unser Zimmer im 12. Stock als Erste.

„Toni, komm schnell, unglaublich!"

Ich rolle misstrauisch mit meinem Koffer durch die Tür – und glaube es tatsächlich kaum: Wir haben aus dem Panoramafenster unseres Zimmers einen sagenhaften Ausblick auf den nächtlichen Kreml. Linkerhand ein Fluss, die Moskwa, uns direkt gegenüber eine weiße Kathedrale mit vielen angestrahlten goldenen Kuppeln, rechts die Basiliuskathedrale, das ist diese ganz bekannte mit den vielen buntbemalten Zwiebeltürmen.

Nun gut, das Zimmer hat seine besten Tage längst gesehen; die Tapete hat Risse, der Teppich strotzt vor Flecken, der Duschvorhang schimmelt vor sich hin und über allem hängt ein dezenter Muff. Aber was soll`s. Wir werden vermutlich sowieso nur nach draußen starren.

22.00 Uhr

Nina drängt, wir wollen los, schon mal die nähere Umgebung erkunden. Damit verstoßen wir gleich gegen die goldene Regel „Niemals ohne Ausweispapiere aus dem Haus gehen!". Denn unsere Pässe mussten wir zwecks Registrierung an der Rezeption abgeben und werden sie erst morgen früh zurückbekommen. Na ja, auf geht`s!

22.20 Uhr

Wir sind am Roten Platz. Leider nicht *auf* dem Roten Platz, denn der ist mit Gittern abgesperrt und schwer bewacht wegen Bombendrohung von Tschetschenen. Was für ein Pech. Trotzdem ist der Anblick gigantisch. All diese monumentalen Gebäude ringsum, alle angestrahlt.

Momentan warten wir darauf, dass der Mond hinter einem Gebäude (das müsste das Senatsgebäude sein) hervorkommt, weil Nina meint, das müsse doch ein stimmungsvolles Foto werden. Ich betrachte derweil die Heerscharen von Touristen, die an den Absperrungen stehen.

22.25 Uhr

Nina plagt sich gerade mit einem russischen Ehepaar mittleren Alters herum. Sie soll ein Bild von den beiden machen – mit deren Kamera natürlich. Obwohl der Ehemann Nina auf Russisch gefragt hatte, verstand sie, was er wollte, als er ihr gleichzeitig die Kamera entgegenstreckte, und nickte deshalb gleich. Doch nun denkt er wohl, sie sei eine Landsfrau, und blafft sie gerade auf Russisch an, weil sie im Querformat fotografieren soll und nicht wie von ihr geplant hochformatig. Dieser Befehl ist ebenfalls nicht misszuverstehen, weil er seine Anweisungen mit entsprechenden unwirschen Handbewegungen untermalt.

„Undankbarer Blödmann!“, knurrt Nina, als sie zu mir zurückkommt.

23.00 Uhr

Die russische Jugend sitzt am Samstagabend gern auf Parkbänken herum und trinkt Bier. Dabei sind die Mädchen allgemein zu leicht bekleidet (fast alle gehen ärmellos in kleinen Blüschen und kurzen Röckchen; wir beide dagegen tragen Jeansjacke, bis obenhin zugeknöpft, und frösteln trotzdem), stöckeln auf atemberaubend hohen Schuhen und sind sehr zurechtgemacht. Nur die Bierflasche in der Hand will nicht so recht zu dieser Aufmachung passen, scheint aber ein Muss zu sein. Die Jungs fallen optisch gegenüber den Mädchen deutlich ab, müssen aber trotzdem lobend erwähnt werden: Nach dem Biergenuss erleichtern sie sich nämlich nicht wie die Jungs bei uns an Ecken oder Hauswänden, sondern stehen brav gemeinsam mit den Mädchen Schlange vor den unzähligen Dixie-Klos, die hier überall aufgestellt sind.

23.30 Uhr

Wohlbehalten zurück im Hotel. Niemand wollte unsere Ausweise sehen. Puh!

Nina versucht gerade anhand des Reiseführers herauszufinden, was genau wir hier von unserem Fenster aus sehen. Die Kirche mit den angestrahlten goldenen Kuppeln, genauer gesagt, einer großen Kuppel in der Mitte und vier kleinen drum herum, könnte die Mariä-Himmelfahrts-Kathedrale sein, die Krönungskirche der Zaren. Im Inneren befindet sich der Thron von Iwan dem Schrecklichen, der im 16. Jahrhundert sein Unwesen trieb. Nina hat sich gerade in ihrem Reiseführer über ihn belesen und mir eine Zusammenfassung vorgetragen:

„Er war schon als Kind Choleriker und Sadist gegenüber Tieren, hat Massenhinrichtungen auf dem Roten Platz veranlasst, nach eigenen Angaben mehr als tausend Jungfrauen vergewaltigt und sich grausamste Methoden zum Foltern und Töten ausgedacht. Seinen Kanzler ließ er bei lebendigem Leibe zentimeterweise zerstückeln. Seinen Schatzmeister ließ er so lange abwechselnd mit eiskaltem und kochendem Wasser übergießen, bis sich das Fleisch von den Knochen löste. Und irgendeinen Fürsten ließ er in ein Bärenfell einnähen und warf ihn dann den Hunden vor, die den vermeintlichen Bären in Stücke rissen. Auch seinen eigenen Sohn hat er totgeschlagen, aber das immerhin tat ihm wohl hinterher leid. Meine Güte, was für eine grauenvolle Kanaille, dieser Iwan!"

Im Fernsehen läuft gerade irgendein amerikanischer Action-Film. Und zwar sehr wundersam synchronisiert. Der englische Ton ist nämlich nicht komplett weggelöscht, sondern nur leiser gedreht, und darüber wird einfach russisch gesprochen, und das auch noch zeitversetzt. Höchst irritierend!

10. August – Moskau

Sonntag, der 10. August
7.30 Uhr
Es hat geregnet! Und wie es aussieht, könnte es das auch weiterhin tun. Einen Schirm haben wir natürlich beide nicht im Gepäck. Können wir also nachher in unseren unerotischen Regenjacken losziehen. Ausgezeichnet. Außerdem zieht eine Eiseskälte herein, wenn man das Fenster aufmacht.

8.00 Uhr
Im Speisesaal.
Ein fürchterliches Frühstück! Nichts gegen das Essen an sich, möglicherweise ist es gar nicht übel. Ich habe nur leider keine Möglichkeit, es überhaupt zu testen, weil alles blockiert ist. Der ganze Saal voller Japaner! Sämtliche Mitglieder sämtlicher japanischer Reisegruppen hier im Hotel scheinen gleichzeitig aufgestanden zu sein, um sich dann ganz dicht aneinandergedrückt in Reih und Glied am Büfett aufzustellen. Keine Chance, dazwischen zu kommen. Wie würde ich als weiße Riesin in deren Mitte auch aussehen! So habe ich notgedrungen fettigen Pfannkuchen mit Marmelade und Grießpudding auf meinen Teller geladen, weil diese beiden Dinge als einzige auf einem Tisch abseits des Büfetts standen. Nina winkt dankend ab, sie begnügt sich mit Kaffee, der in Thermoskannen auch auf einem Extratisch stand. Entgegen der Ankündigung im Reiseführer ist der Kaffee nicht

schon von vornherein komplett mit Milch und Zucker versehen, sondern ganz normal schwarz.

Am Nebentisch sitzen zwei Frauen, ebenfalls Deutsche. Aber in unserer Nation gibt es ja die unausgesprochene Übereinkunft, einander im Ausland nicht jubilierend in die Arme zu fallen, sondern sich weitestgehend zu ignorieren. Halten wir uns einmal daran.

8.55 Uhr

Wir sitzen wieder vor unserem Panoramafenster und bewundern den Ausblick. Und jetzt kommt doch tatsächlich die Sonne raus und scheint auf all die goldenen Kuppeln vor unserem Fenster. Herrlich!

9.25 Uhr

Wie peinlich! Wir hatten unsere Stadtführerin für neun Uhr an die Rezeption bestellt, waren aber selbst erst zehn Minuten später da. Ich will nicht sagen, bewusst zu spät, aber doch mit dem Gedanken, dass man es hier mit der Pünktlichkeit nicht so genau nimmt (das steht schließlich in jedem Reiseführer) und wir wahrscheinlich immer noch zu früh sein würden. Aber die Dame – Adla ihr Name – war Punkt neun zur Stelle und inzwischen total aufgelöst, weil sie dachte, sie hätte etwas missverstanden oder wir würden einfach nicht kommen. Oh je.

Und dann musste sie auch noch warten, bis wir beiden Trantüten a) Geld gewechselt, b) unsere Koffer in die Gepäckaufbewahrung gegeben und c) erst mal wieder die Toilette aufgesucht hatten. Wir haben uns natürlich ausführlichst bei ihr entschuldigt. Nun warte ich zusammen mit ihr auf Nina, die unsere Pässe von der Rezeption holt.

Adla ist Mitte fünfzig, klein und rundlich, mit kurzen braunen Haaren, dicker Brille und Oberlippenbehaarung versehen, trägt Faltenrock und einen karierten Blazer mit angesteckter Seidenblume, spricht gut deutsch und ist sehr freundlich.

„Arbeiten Sie hauptberuflich als Reiseführerin?“, frage ich.

„Früher sehr viel, sehr viel“, sagt sie, „aber nun Touristen wollen nur noch haben junge, schlanke Frauen zu erklären Kreml. Und gibt es so viele, die sehen aus wie Model. Deshalb jetzt ich mache nur noch selten.“

Sie erzählt das ganz neutral, ohne Selbstmitleid, aber ich bin ganz betreten. Glücklicherweise kommt Nina gerade zurück.

10.00 Uhr

In der Kasaner Kathedrale. Eine kleine Kirche am Rande des Roten Platzes, der übrigens noch immer gesperrt ist.

Gerade findet ein orthodoxer Gottesdienst statt. Als Frau hat man eigentlich ein Kopftuch zu tragen, aber für uns Touristen geht es auch ohne. Ein kleiner Raum, vorne steht der Priester, rechts neben ihm ein Chor von fünf oder sechs Leuten. Wir müssen stehen, wie alle anderen auch, denn in den orthodoxen Kirchen gibt es weder Bänke noch Stühle, die Gläubigen stehen die ganze Zeit. Und so eine Messe dauert locker zwei bis drei Stunden. Das kann man doch kaum durchhalten! Auf meine Nachfrage sagt Adla, dass man jederzeit rein- und rauslaufen könne, um sich zu erholen, das würde nicht so eng gesehen.

Jetzt fängt der Chor an zu singen. Diese orthodoxen Gesänge kennt man ja inzwischen auch bei uns. Ich bekomme umgehend Gänsehaut.

Aber Nina wird nervös, und auch Adla wirft einen Blick auf ihre Uhr. Also gut, weiter geht´s.

10.20 Uhr

Vor dem Eingang zum Kreml. Nina und ich beobachten gebannt, was Adla gerade so auf die Beine stellt.

Als wir hier ankamen, erwarteten uns ellenlange Schlangen von Touristen, sowohl vor dem Eingang selbst als auch beim Kartenhäuschen. Uns beiden sank das Herz. Nicht so Adla. Sie zeigte plötzlich eine ganz neue Seite, die man diesem freundlichen Mütterchen gar nicht zugetraut hätte: Die Kämpferin in ihr wurde wach.

„Auf keinen Fall Sie müssen stehen in Schlange! Warten Sie auf mich hier!"

Wie sie es geschafft hat, kann ich nicht sagen, jedenfalls sahen wir sie in ihrem Faltenrock immer hin- und herwetzen, und am Ende durften wir unsere Karten an einem anderen Häuschen kaufen, das eigentlich geschlossen war, für uns aber von einer uniformierten und streng dreinblickenden Dame von innen aufgeschlossen wurde.

Dann mussten wir Adla folgen, unsere Rucksäcke abgeben, wieder hinterherlaufen, uns erneut hinstellen und abwarten.

Gerade redet sie mit ausdrucksvoller Gestik auf den Mann am Eingang ein. Und jetzt winkt sie uns heran!

Herrlich, nun können wir kühl lächelnd an den Wartenden vorbeischreiten. Solch eine Sonderbehandlung gefällt uns beiden Queens natürlich ausnehmend gut!

11.15 Uhr

Also der Kreml. Ursprünglich hab ich ja gedacht, dass der Kreml ein ganz bestimmtes Gebäude ist, und zwar das Moskauer Regierungsgebäude. Eben das Gegenstück zum Weißen Haus in Washington. Aber dem ist nicht so. Einen Kreml gibt es auch in anderen alt-russischen Städten, und dieses Wort bezeichnet die ehemalige Festung, sozusagen den Kern, um den herum sich die Stadt ringförmig gebildet hat. Der Kreml hier in Moskau ist von einer roten Backsteinmauer umgeben, die gute zwei Kilometer lang ist. Innerhalb dieser Mauer befinden sich zum einen das Senats- und Präsidiumsgebäude sowie der Kreml-Palast für offizielle Empfänge und der Kongresspalast für Opern-/Ballettaufführungen, zum anderen eine unerwartet große Zahl von Kathedralen, die sich um den Kathedralenplatz herum gruppieren.

„Sie wissen, warum haben unsere Kathedralen immer fünf Kuppeln?“, fragt Ada uns. Wir schüttelnd die Köpfe.

„Nein? Also, Kuppel in Mitte ist Repräsentation von Jesus, andere vier in Kreis sind die vier Evangelisten. Aber Sie wissen, was hat zu bedeuten der Balken, der läuft schräg unten an russisch-orthodoxe Kreuz?“

Wieder müssen wir verneinen.

„Balken ist Symbol für Übergang von Hölle zu Himmel.“

Ich muss zugeben, beides hätte ich mir auch bei längerem Betrachten nicht erschließen können.

11.50 Uhr

Nina und ich sind in Kathedralen-Streik getreten. Genug gesehen!

Erst besichtigten wir ausgiebig die Mariä-Himmelfahrts-Kathedrale, dann ein ganz kleines Kirchlein, in dem wir ausnahmsweise die einzigen Touristen waren, dann die Erzengel-Kathedrale (dort war eine Gruppe namens Anima mit gregorianischen Gesängen zu bewundern; ich war wieder sehr gerührt, Nina schon leicht genervt, zu viel Sakrales ist nichts für sie), und dann marschierte unsere wackere Reiseführerin frohgemut auf die Mariä-Verkündigungs-Kathedrale zu. Wir beide tauschten einen Blick aus, dann stoppte Nina sie mit einem gestöhnten „Adla, wir können nicht mehr!“.

Die Kathedralen sind zwar innen wirklich schön mit all den bunten Ikonen, die sogar die unglaublich hohen Decken verzieren, aber irgendwann ist die Aufnahmefähigkeit einfach erschöpft. Außerdem war es auch schon wieder so furchtbar voll, diesmal alles Italiener, die ja nicht gerade die unanstrengendsten Mit-Touristen sind.

Nina erläutert Adla gerade, dass wir Deutschen die Italiener wegen ihrer Lautstärke grundsätzlich nicht leiden können. Von derartigen Animositäten hab ich allerdings bisher noch gar nicht gehört. Ich dachte immer, wir lieben die Italiener wegen ihrer Leidenschaftlichkeit und der Lebensfreude und der braunen Schuhe zum Anzug!

12.10 Uhr

Soeben haben wir das Unvermeidliche hinter uns gebracht: Den ersten Gang zu einer öffentlichen Toilette. Adla führte uns außerhalb der Kreml-Mauer zu den Örtlichkeiten. Wir stiegen eine Treppe nach unten, und schon der Weg in diese Katakomben ließ nichts Gutes ahnen. Ich möchte nur so viel sagen, dass wir mit der ersten Hocktoilette in diesem Land konfrontiert wurden; über Zustand und Geruch enthalte ich mich mal vornehm jeglichen Kommentars. Ich schüttele mich einfach nur stumm.

12.20 Uhr

Offiziell ist unsere Führung beendet, aber als wir Adla erzählten, dass wir später noch mit der U-Bahn fahren wollen, ließ sie es sich nicht nehmen, noch mit uns zum nächsten U-Bahnhof zu gehen, um uns alles zu erklären. Jetzt kauft sie gerade die Fahrkarten für uns. Die ist so nett, die Adla!

12.30 Uhr

Zum Abschied reißt Adla uns beide in die Arme und knutscht jede auf die Wange. Ich bin ein bisschen verlegen, und auch Nina guckt leicht verdutzt; beide sind wir nicht ausgesprochen körperlich veranlagt.

„Alles, alles Gute für Zukunft, und noch herrliche Zeit in meinem schönen Land wünsche ich!“

Jetzt sind wir auf uns allein gestellt. Übrigens ist es in der Zwischenzeit ziemlich warm geworden.

12.45 Uhr
Wir haben uns verlaufen! Unser Ziel ist der Arbat, eine Straße, die es schon seit dem 15. Jahrhundert gibt und zugleich die erste Fußgängerzone des Landes war. Auf unserem kleinen Stadtplan sah der Weg dorthin aus wie ein Katzensprung, aber nun trotten wir schon reichlich lange eine vierspurige und entsprechend extrem befahrene Straße entlang. Das kann einfach nicht richtig sein.

Momentan hocken wir auf den Eingangsstufen zu einem Hochhaus, essen jeder eine Banane aus unserem soeben (teuer) erstandenen Obstbestand und meditieren erst einmal über dem Stadtplan.

12.55 Uhr
Erster Erfolgseinsatz meiner Russisch-Kenntnisse! Ich trat auf einen jungen Mann zu, der an einer Haltestelle stand, tippte auf die gesuchte Straße im Stadtplan und fragte: „Gdje?“ (Wo?). Und er zeigte mit den Händen: Nächste Straße links, dann die zweite wieder links. Und tatsächlich, wir sind am gesuchten Ziel. Offensichtlich haben wir uns die ganze Zeit auf einer Parallelstraße zum Arbat bewegt und stehen jetzt an dessen Ende. Aber macht nichts, dann rollen wir das Feld eben von hinten auf.

13.10 Uhr
Laut Reiseführer soll die Atmosphäre im Arbat ein wenig der des Quartier Latin in Paris ähneln. Äh, ja... kann man so sehen, muss man aber nicht. Ich habe mir dieses ehemalige Adelsviertel viel herrschaftlicher vorgestellt. Die

Fassaden sind zwar schön und geben eine gewisse Vorstellung vom Glanz vergangener Tage, aber die Straße ist gepflastert mit unzähligen Souvenir-Buden, die den Blick verstellen und die Aufmerksamkeit auf sich ziehen. Und gerade sind wir an einem Hau-den-Lukas vorbeigekommen, um den die Leute in einer großen Traube herumstanden. Kurz gesagt: Rummelplatz.

13.57 Uhr

Wir sitzen bei einem Italiener auf der Terrasse mit Blick auf den Arbat und essen Penne mit Tomatensauce. Bloß keine kulinarischen Experimente gleich am ersten Tag! Bei Mc Donald`s waren wir auch schon, Cola trinken.

Hier ist alles auf Touristen ausgerichtet, es gibt also Speisekarten auf Englisch. Die russische Karte hat man uns gar nicht erst angeboten, zu nicht-russisch scheinen wir auszusehen.

14.03 Uhr

Wenn man mit dem Essen fertig ist, wird einem hier sofort der Teller weggerissen, egal ob das Gegenüber (=ich) gerade erst die Hälfte geschafft hat. Auch das Brot wird bei dieser Gelegenheit gleich weggetragen. Unverschämt!

Mal kurz zu den Preisen. Wenn das so weitergeht, sind wir bald zahlungsunfähig, denn – laut Rat von Frau Kretschmann – ist unsere Bargeld- und Travellerscheck-Ausstattung auf fünfzehn Euro pro Tag ausgerichtet. Heute aber haben wir in der kurzen Zeit jede schon ausgegeben:

Eintritt Kreml: 350 Rubel = 9,80 €

Taschenaufbewahrung Kreml: 60 Rubel = 1,60 €
3 Äpfel und 1 Banane = 80 Rubel = 2,20 €
Nudeln: 370 Rubel = 10,30 €
Ergebnis: 23,90 € – Mineralwasser, Cola und U-Bahnkarte noch nicht mitgerechnet.

14.40 Uhr

Nina veranstaltet an einer Souvenirbude eine verwegene Maskerade mit Ohrenklappen-Filz-Zipfelmützen. Und erwägt allen Ernstes, sich so ein Ding zuzulegen. Bei allem was recht ist, aber attraktiver lässt diese Kopfbedeckung sie nicht gerade wirken. Das habe ich auch schon unumwunden kundgetan. Mit zweifelhaftem Erfolg. Denn die Verkäuferin, eine Endzwanzigerin mit Cowboyhut und vergoldetem Eckzahn oben links, verstand zwar meine Worte nicht, deutete aber meinen abfälligen Tonfall richtig und ging in Sekundenschnelle mit ihrer Forderung von 27 Dollar auf 10 Dollar runter. Ich hoffe, dass Nina sich davon nicht beeindrucken lässt. Auch 10 Dollar sind zuviel für etwas, das sie zu Hause garantiert niemals auf ihrem Haupt spazierenführen wird. Auch nicht beim Skifahren, wie sie gerade behauptete. Denn inmitten der mondänen Mischpoke auf den Schweizer Pisten will sie doch wohl nicht ausgerechnet als russischer Schlumpf Furore machen.

14.50 Uhr

Nina hat die Schlumpfmütze nicht gekauft, was uns und speziell mir einen bösen Abschiedsblick des goldenen Eckzahns bescherte.

15.10 Uhr

Metrostation Kievskaya. Am Bahnsteig der Linie J. Jedenfalls hoffen wir, dass wir uns da wirklich befinden.

Das Zurechtfinden in der Metro hat sich nämlich gerade als reichliche Schwierigkeit erwiesen. Es begann zunächst recht unkompliziert. Wir stiegen an der Station Arbatskaya ein und fuhren mit der Linie A zwei Stationen weit bis hierher, um umzusteigen in die Linie J, die Zirkellinie, die Metrolinie mit den prunkvollsten Stationen, wo angeblich jeder Stopp einen Ausstieg lohnt. Aber wir fanden den richtigen Bahnsteig nicht. Alle Wege schienen nur zu irgendwelchen Ausgängen zu führen. London, Paris, New York, Shanghai – noch nie hat eine von uns Probleme beim U-Bahn-Fahren gehabt. Was konnte denn hier so anders sein?

Weit und breit gab es nur eine Person, die man fragen konnte. Eine junge schwarzhaarige Frau, die auf einer Bank saß und sich mit Hilfe eines Handspiegels die Lippen grellrot bemalte. Sollte ich oder sollte ich nicht?

„Iswinitje (Entschuldigung)", piepste ich und fragte mein schon erprobtes „Gdje?", wobei ich auf die gesuchte Metrolinie auf meinem Plan zeigte.

Sie antwortete. In fließendem Russisch. Ich reagierte. In Englisch. Sie sah mich aus ihren lidschattenbeschwerten Augen nur gleichgültig an. Keine sprachliche Schnittmenge zu finden.

„Das war`s dann wohl", dachte ich und sagte es auch laut zu Nina.

Da stand die Russin unvermittelt auf und bedeutete uns per Handwedeln, ihr zu folgen. Das fanden wir ja nun wieder dermaßen reizend! Aber die ganze Situation blieb seltsam. Die Frau stiefelte auf ihren unfassbar hohen Hacken energisch vor uns her und drehte sich nur ein einziges Mal kurz zu Kontrollzwecken nach uns um. Als ich sie dabei dankbar anlächelte, schaute sie komplett ausdruckslos zurück. Wir kamen am Bahnsteig an, sie zeigte auf das entsprechende Gleis, drehte sich um und stöckelte wortlos wieder von dannen. Ich war zu verblüfft, um ihr wenigstens „Spaßiba (danke)“ hinterherzurufen.

16.00 Uhr

Da hat der Reiseführer tatsächlich nicht zu viel versprochen. Die Fahrt mit der Linie J lohnt sich wirklich. Wir sind an verschiedenen Stationen ausgestiegen, und eine war schöner als die nächste. Mit Kronleuchtern, Marmor, Mosaiken, einmal sogar mit einer Art Kirchenfenster. Dann sind wir noch mit einer der berühmten endlos langen Rolltreppen, bei denen man von der ersten Stufe aus das Ende gar nicht sehen kann, irgendwo in die Tiefe gezischt. An die Namen der Stationen kann ich mich schon nicht mehr erinnern, zu fremd sind russische Worte dann doch für mich, auch wenn ich sie zu meinem großen Stolz alle lesen kann. Im Gedächtnis geblieben ist mir nur der Name einer einzigen Station: Komsomolskaya.

Jetzt flanieren wir zu Fuß zurück Richtung Hotel. Bei der Gelegenheit mal ein Wort zum Thema Autoverkehr.

Der Gesamteindruck ist: viel, laut und stinkend. Auffallend außerdem die vielen westlichen Marken, Mercedes, BMW, Audi. Und es gibt relativ viele Wagen mit Rechtslenker. Das ist uns unerklärlich. Die werden doch wohl kaum aus England importiert werden? Oder aus Australien?

16.45 Uhr

Wir haben noch einen kleinen Abstecher in das berühmte Kaufhaus GUM (=Glavny Universalny Magasin) unternommen. Nach dem dringlichst ersehnten und hier vollzogenen Toilettengang stehen wir nun im zweiten Stock an der Balustrade und lassen auf uns wirken.

Über uns die riesige Glaskuppel, die das ganze Gebäude von ungefähr 250 Metern Länge überspannt und dementsprechend viel Licht fluten lässt. Architektonisch echt schön. Ansonsten hält sich unsere Begeisterung allerdings deutlich in Grenzen. Unter einem Kaufhaus verstehe ich eine zusammenhängende Verkaufsfläche mit verschiedenen Abteilungen, so etwas wie das KaDeWe in Berlin habe ich mir vorgestellt. Das GUM ist aber eher eine riesengroße Passage mit lauter einzelnen Geschäften, die von jeweils ewig langen Gängen abgehen, das Ganze auf zwei Stockwerken. Galeriemäßig. Zum Einmal-Durchlaufen und Angucken schön, aber zum Shoppen fühlten wir uns überhaupt nicht animiert, weil man nicht einfach so herumschlendern kann, sondern schon gezielt in ein bestimmtes Geschäft gehen muss. Wobei diese Geschäfte fast ausschließlich westliche Luxusmarken vertreiben. Und wer will sich schon ein Chanel-Kostüm in den Koffer packen, wenn er auf dem Weg nach Sibirien ist?

19.50 Uhr

Ich glaube, Viktor hat uns soeben vor erheblichen Unannehmlichkeiten bewahrt. Er bringt uns gerade zum Flughafen, und auf dem Randstreifen der vierspurigen Flughafenzufahrt, die wir im Moment befahren, sahen wir einen Polizeiwagen stehen. Zwei Polizisten winkten mit energischen Bewegungen einzelne Autos aus dem sich langsam vorwärts quälenden Verkehrsstrom heraus. So auch unseren Wagen, und zwar, nachdem sie uns beiden Grazien auf dem Rücksitz erblickt hatten. Bei uns herrschte gleich Alarmstufe rot, aber Viktor zog beim Anblick des Polizeiwagens sofort nach links auf die Überholspur und ignorierte die Uniformierten einfach durch stures Nach-Vorne-Blicken und leicht erhöhten Druck auf das Gaspedal.

Für diese Aktion sind wir sehr dankbar – nach dem Studium des Kapitels „Traue keinem Polizisten!" in Frau Kretschmanns Reiseführer muss man nämlich davon ausgehen, dass man bei einer Begegnung mit der Polizei auf jeden Fall der Dumme und am Ende um einige Dollar leichter ist. Diese Herren sollen stets behaupten, dass mit dem vorgelegten Pass oder Visum etwas nicht in Ordnung ist und dafür dann eine saftige Strafe kassieren. Versucht man mit ihnen zu diskutieren oder weigert man sich zu zahlen, behalten sie die Papiere einfach. Eine Horrorvorstellung! Ob das so pauschal stimmt, weiß ich ja nicht, aber ich bin nicht wirklich scharf darauf, dieses Vorurteil auf seine Richtigkeit hin zu überprüfen.

20.05 Uhr

Vor dem Eingang zum Flughafen Domodjedowo.

Was für ein Tohuwabohu herrscht hier! Autos quellen aus allen Richtungen durcheinander, es wird gehupt wie verrückt, und es gibt nicht den Hauch einer Chance auf einen Parkplatz. So musste Viktor letztlich irgendwo stehen bleiben und uns mitsamt unseren Koffern einfach rausschmeißen. Obwohl wir uns wirklich beeilten, ertönte umgehend ein entnervendes Hupkonzert, Viktor warf sich wieder in seinen Lada und fuhr winkend von dannen. Wir konnten uns nicht einmal richtig verabschieden und uns für seine beherzte Flucht vor den Polizisten bedanken.

20.29 Uhr

Flughafen Domodjedowo. Vor dem Eincheckschalter nach Krasnojarsk, Sibirien.

Wir hocken auf unseren Koffern mitten in der Halle und atmen einfach mal vor uns hin, auch wenn ringsherum das Chaos tobt – für das wir aber nicht verantwortlich sind. Wie gefordert waren wir zwei Stunden vor Abflug zur Stelle, fanden auch gleich den Schalter unserer Fluglinie Krasair und reihten uns in die lange Schlange ein. Aber als wir endlich unsere Tickets vorlegten, wurden wir von einer dickbusigen Person mit barscher Handbewegung weggewedelt. Uns unerklärlich. Wir traten unwillig zur Seite und beobachteten das Ganze misstrauisch.

Nach geraumer Zeit kamen wir zu dem Schluss, dass anscheinend immer nur die Leute einchecken dürfen, deren Flug genau in dem Augenblick über dem Schalter angezeigt wird. Im Moment sind das diejenigen, die nach Murmansk zu gelangen wünschen, wo immer das liegt. Seit wir hier sitzen, ist das aber schon der dritte Ort, der angezeigt wird. Offensichtlich muss man den Schalter die ganze Zeit beobachten und dann sofort hinstürmen, sobald das eigene Ziel dort steht. Aber nicht nur uns war dieses System nicht klar; vor dem Schalter herrscht ein tumultartiges Gedränge und Geschiebe zwischen denjenigen, die wirklich dran sind, denjenigen, die gerade zurückgeschickt werden und denjenigen, die nur mal fragen wollen, wie das alles eigentlich so geht.

Nina ist so empört über all diese Konfusionen, dass sie zum Stressabbau einen der teuer erstandenen Äpfel wegmampft. Unabgewaschen. Ist ihr gerade so was von egal. Hauptsache, ihr bricht nicht noch ein Zahn ab, so kraftvoll, wie sie zubeißt...

21.47 Uhr

Warten auf den Abflug. Eine leere Fantaflasche liegt auf dem Boden mitten im Weg. Sie wird von Vorübergehenden ständig angestoßen und rollt unter großem Geschepper mal nach rechts, mal nach links. Dem Bodenpersonal hier überall um uns herum ist das vollkommen wurscht. Niemand scheint auch nur im Ansatz darüber nachzudenken, diese Flasche aufzuheben und wegzuwerfen. Man hat schließlich Wichtigeres zu tun, und zwar:

Mit verschränkten Armen auf dem Rücken herumstehen und ausdruckslos dreinblicken.

22.46 Uhr

Im Flugzeug. Noch am Boden.

Das hier ist die engste Flugzeugreihe, in der ich je gesessen habe. Selbst wenn ich ganz ordentlich aufrecht sitze, stoße ich mit den Knien an den Sitz vor mir. Unglaublich. Unglückseligerweise ist mein Vordermann sehr fett und sehr lebhaft. Im Halbminutentakt beugt er sich rüber zu seinem Nebenmann zwei Plätze weiter, sagt etwas Launiges und schmeißt sich dann zufrieden zurück in seinen Sitz, der mir gegen die Kniescheiben donnert.

Die Sitze haben eine Art Häkelbezug in beigegrüngelb und eine sehr niedrige Rückenlehne, über die hinweg man den Hinterkopf seines Vordermannes detailliert begutachten kann. Die Flugzeugwände sind blassgrüngelb und haben ein cremeweißes Weinlaubmuster.

23.17 Uhr

Wir sind immer noch am Boden – im wahrsten Sinne des Wortes! Wegen schlechten Wetters auf der Flugstrecke können wir derzeit nicht fliegen. Es soll noch eine halbe Stunde dauern, bis wir starten. Diese Information stammt von Ninas Hintermann, einem älteren Herrn, der sich als deutschsprechend erwies, als sie ungehemmt laut fluchend an ihrem nicht funktionierenden Ventilator herumhantierte.

Oh nein, jetzt legt Genosse Fettsack vor mir auch noch ganz vertraulich seine Hand hinter den Kopf. Sie befindet sich damit direkt vor meinem holden Gesichtchen.

23.44 Uhr

Es geht los. Wir werden jetzt rund 4.000 Kilometer in Richtung Osten fliegen, hinein in das Herz Sibiriens, wie Frau Kretschmann es ausdrückte. Ich bin so dermaßen gespannt, was uns dort erwartet!

1.24 Uhr

Kurioserweise gibt es jetzt warmes Essen. Mitten in der Nacht! Soll mir recht sein, an Schlaf ist ohnehin nicht zu denken.

11. August – Krasnojarsk

Montag, der 11. August
8.17 Uhr Ortszeit Sibirien
(4.17 Uhr nach Moskauer Zeit, 2.17 Uhr in Deutschland)
Flughafen Krasnojarsk

Dieser Flughafen ist – um es mal diplomatisch auszudrücken – sehr einfach. Man klettert aus dem Flugzeug, wandert ein paar Meter über den Asphalt, durchquert ein Tor und hat damit den Flughafen schon verlassen. Ein Flughafengebäude im klassischen Sinne gibt es nicht. Nur ein kleines Häuschen, in dem sich die Gepäckausgabe befindet.

Auf der anderen Seite des Tores erwartete uns Nadja, unsere Fahrerin. Mitte/Ende dreißig wird sie sein, groß und kräftig, blondiert mit Pferdeschwanz und Pony und sehr blauem Lidschatten. Perfektes Deutsch. Nicht unfreundlich, aber etwas distanziert. Vielleicht, weil sie wegen unserer Verspätung – an der wir natürlich unschuldig sind – schon seit mehr als einer Stunde im strömenden Regen herumstehen musste, und zwar bei exakt acht Grad Außentemperatur!

Mit ihr gemeinsam harren wir nun der Gepäckausgabe. Die Tür des kleinen Häuschens ist noch abgeschlossen, die vor ihr herumdrängende Menschentraube wird immer nasser. Wir drei haben uns zum Schutz abseits unter einen Dachvorsprung gestellt.

Eine schlaflose Nacht, Regen, Kälte – Nina und ich freuen uns schon auf die heiße Dusche im Hotel. Wenn nur endlich die Tür aufgehen würde und wir unsere Koffer holen könnten…

8.47 Uhr

Natürlich ist unser Gepäck als Aller-Aller-Letztes auf dem Laufband angekommen! Und das, wo wir beide Gepäck-Weg-Neurotikerinnen sind und uns gegenseitig im Drei-Minutentakt versicherten, dass unsere Koffer hundertprozentig in Moskau liegengeblieben wären. Und nachdem wir zuvor sowieso schon fast die Nerven verloren hatten bei dem rabiaten Geschiebe und Gedränge der Passagiere an den Gepäckbändern.

Aber jetzt sitzen wir gut und trocken hinten in Nadjas Lada, der zwar erst beim dritten Versuch ansprang, aber sonst in eindeutig besserem Zustand ist als Viktors Gefährt.

„Regnet es hier schon länger?“, will Nina wissen.

„Ja, schon seit vielen Tagen! Und es soll auch so bleiben. Tut mir leid.“

Gerade kam uns wieder ein Auto mit Rechtslenker entgegen, und Nina fragt Nadja, was es denn damit auf sich hätte.

„Die sind aus Japan importiert“, die Antwort.

„Ach so, ja klar“, sagt Nina.

Ich schweige, denn ich hab gar nicht gewusst, dass in Japan Linksverkehr herrscht. Aber meine mangelhafte Bildung ist mir gerade herzlich egal. Ich kann im Moment an nicht viel mehr als die heiße Dusche und ein hoffentlich schönes Frühstück denken.

10.15 Uhr

Unser Hotel ist ein unattraktiver Plattenbau und heißt der Einfachheit halber genau wie die Stadt, nämlich „Krasnojarsk“. Und man empfängt uns mit der Nachricht: „Es gibt kein heißes Wasser im Hotel.“ Heute nicht und den Rest der Woche auch nicht. Aber bei Bedarf würde die Etagenfrau uns welches bringen, teilt uns der mürrische Mann an der Rezeption mit Hilfe von Nadjas Übersetzung mit.

Wer oder was denn die Etagenfrau sei, fragen wir Nadja.

In jeder Etage sitzt eine Frau, die vor allem für die Aufbewahrung der Zimmerschlüssel zuständig ist, erklärt Nadja. Man gibt ihr seine Karte mit der Zimmernummer, damit sie einem wiederum den Zimmerschlüssel aushändigt. Und auch wenn man ansonsten ein Anliegen hat, wendet man sich an diese Frau.

Dann verabschiedet sie sich von uns. Ihr Job war es nur, uns am Flughafen in Empfang zu nehmen und ins Hotel zu verfrachten. Für den Rest des Tages sind wir auf uns allein gestellt.

Erst einmal gehen wir unser Zimmer begutachten. Es entspricht genau der Vorstellung, die ich mir von einem Hotelzimmer in Sibirien gemacht habe. Graubrauner Linoleumboden, zwei schmale Betten rechts und links an den Wänden, eine funzelige Lampe an der Decke, Ausblick auf eine Baustelle, abgestandene Luft. Und es ist lausig kalt hier drin. Aber immerhin gibt es einen Fernseher.

10.30 Uhr

Im Frühstücksraum. Ein winziges Zimmer, drei Tische mit Plastiktischdecke und Plastikstühlen. Ein Selbstbedienungsbüfett mit kleinen harten Brötchen, Wurst, Marmelade und kleinen eingeschweißten Kuchen.

„Ihr seid auch aus Deutschland, wa?"

Am Nebentisch sitzt ein Mann, Ende vierzig, lange graue Haare, zum Zopf gebunden mit mehreren bunten Gummibändern, vorne ein sehr kurzer Pony und ziemlich braune Zähne. Das ist Norbert aus Berlin. Während wir durchgefroren, erschöpft und dementsprechend maulfaul heißen Kaffee trinken, schwatzt er auf uns ein. Seit Mitte Juli ist er schon unterwegs, fährt allein mit seinem Motorrad durch Russland. Gestartet ist er in Norwegen, dann ging es durch Finnland, und in Höhe von Murmansk (ah, da oben ist das also!) rein nach Russland. Hier in Krasnojarsk ist er seit drei Tagen.

„Und wie machst du das hier ohne heißes Wasser?", will Nina wissen. Seine kulturellen Erwägungen, zu denen er gerade ansetzen wollte, sind ihr egal. Das Interesse an elementaren Dingen steht im Vordergrund.

„Ick jeh zu der Etagenfrau, sach „wadá", det Wort für Wasser, und denn kommt se in mein Zimmer mit ´ner Riesenschüssel voll Wasser und ´nem jigantischen Tauchsieder. Den hält se da denn rein, und irgendwann is det Wasser kochendheiß. Denn kriegtste von ihr noch `ne Mordsschöpfkelle inne Hand jedrückt. Na, und denn schlepp ick die Schüssel ins Bad, stell se inne Wanne, mich dazu, misch mir in dieser Kelle det heiße Wasser und dazu noch kaltes Wasser aus`m Hahn und kipp mir det Janze über de Rübe. Fertig."

Na, denn.

11.00 Uhr

Es regnet noch immer ohne Unterlass. Jetzt wollen wir erst mal ein wenig ruhen. Die Bettdecke ist allerdings ein Witz: Ein einfaches Bettlaken. Gut, dass ich meinen Baumwollschlafsack dabei habe. Viel Wärme spendet der allerdings auch nicht. Werde mich in voller Montur in ihn hineinbegeben. Das bedeutet: Mit Unterhemd, langärmligem Skiunterhemd, langärmligem Sommerpulli, Strickjacke und Trekkinghose. Mit anderen Worten: Ich werde beinahe die Hälfte meines Kofferinhaltes übereinander ziehen.

Die Heizung lässt sich natürlich nicht anstellen. Ist ja schließlich August! Hochsommer! Abgesehen davon ist diese Heizung sowieso ein lächerliches Gerät. Besteht aus gerade mal sieben zarten Rippen. Rippchen sozusagen. Wie die bei minus vierzig Grad im Winter wohl irgendetwas etwas bewirken können?!

13.05 Uhr

Habe geschlafen wie ein Stein. Nina ist immer noch nicht wach. Es gießt nach wie vor wie verrückt. Was für ein Dreck!

Was machen wir denn bloß heute noch? Das „sensationelle Heimatmuseum", von Frau Kretschmann als großer Knüller empfohlen, ist pfiffigerweise heute geschlossen, wie Nadja uns sagte. Wie jeden Montag, nebenbei gesagt.

Hoffentlich schüttet es morgen nicht auch so, wenn wir unsere Schifffahrt machen. Darauf hatte ich mich bei unserer Reiseplanung doch so ganz besonders gefreut. Von früh morgens bis in den späten Abend hinein den Jenissej entlangfahren, einen der längsten Flüsse der Welt, der schließlich ins eisige Polarmeer mündet. Und dann noch das Ganze mit einem Postschiff. Romantik pur, so hab ich mir unseren morgigen Tag ausgemalt. Dass er bei strömendem Regen stattfinden könnte, wäre mir im Traum nicht einfallen. So ein Mist aber auch!

16.05 Uhr

Gerade hatten wir beschlossen, nun doch endlich mal loszugehen, weil es aufgehört hatte zu regnen, als Nina bemerkte, dass ihre Jacke weg ist. Oh Schreck! Ziemlich schnell konnte sie sich aber erinnern, sie am Morgen mit in den Frühstücksraum genommen und dort über den Stuhl gehängt zu haben. Wir also zum Frühstücksraum. Abgeschlossen! Was nun? Wen fragen? Dass weder die Etagenfrau noch irgendjemand an der Rezeption wirklich Englisch sprach, hatten wir schon am Morgen mitbekommen. Etwas ratlos standen wir im Gang herum, als die Etagenfrau mit einem munteren „Sdrastvitje“ (Guten Tag) auf uns zukam, wobei sie immerzu an ihrer Bluse herumzupfte. Wie wir bald erfuhren, bedeutete das „Ich weiß, wo Deine Jacke ist, und ich hole sie Dir“, denn sie ging in einen Raum, auf dessen Tür „Work-Room“ stand (komisch, plötzlich so ein englisches Wort), und kam lächelnd mit dem guten Stück in der Hand wieder raus. Nein, waren wir glücklich! Wie schnell man doch lernt, auch für die kleinen Dinge dankbar zu sein...

17.50 Uhr

Nun sind wir knapp zwei Stunden in Krasnojarsk herumgelaufen und haben das Gefühl, im Großen und Ganzen schon mit allem „durch" zu sein. Wir sind die Einkaufsstraße Prospekt Mira entlanggegangen, haben das Lenin-Denkmal beguckt, in einem kleinen Laden Kekse gekauft und sind dann mal rechts, mal links durch die Straßen gegangen.

Tja, was soll man sagen. Das Gefühl „Sibirien" will sich noch nicht so recht einstellen. Krasnojarsk ist eben eine Großstadt: Breite geteerte Straßen, viele knatternde Autos, gepflasterte Bürgersteige, geschäftig herumlaufende Menschen.

Nadja hat uns erzählt, dass im nächsten Jahr die 375-Jahr-Feier ansteht und man sich deshalb gerade sehr viel Mühe gibt, alles schön herzurichten. Ich würde auch wirklich nicht sagen, dass die Stadt unattraktiv ist; auf dem Prospekt Mira zum Beispiel haben wir sehr viele alte und schön renovierte Häuser gesehen. Aber obwohl Krasnojarsk mehr als 800.000 Einwohner hat, hat man doch schnell das Gefühl, alles gesehen zu haben, und als Tourist weiß man dann eben nichts mehr zu tun.

Mag sein, dass das schon erwähnte Heimatmuseum noch sehenswert ist, aber da ich davon ausgehe, dass dort alles nur auf Russisch beschrieben ist, weiß ich nicht, ob ein Besuch dort für jemanden mit unseren mangelnden Sprachkenntnissen wirklich sinnvoll wäre.

18.10 Uhr

Café Zentral. Prospekt Mira 80, Ecke Uliza Weinbauma.

Dieses Café beziehungsweise Restaurant ist wirklich sehr nett. Von außen ist es eher unscheinbar; hätte Frau Kretschmann es nicht in ihrem Reiseführer als Tipp aufgeführt, hätten wir es sicher gar nicht wahrgenommen. Und auch innen besticht dieses Lokal nicht gerade durch seine Einrichtung; weder ist es hier besonders gemütlich noch chic oder gar szenig. Die Tische sind versehen mit blau-beige-karierten Wachstischdecken und stehen ringsum an die Wände gequetscht. Von Dekoration hält man hier auch nicht viel, die Wände sind absolut kahl, dafür stehen altbackene Blumentöpfe auf den Fensterbänken, und vor den Fenstern hängen Gardinen. Trotzdem fühlt man sich irgendwie ganz wohl, und erstaunlicherweise scheint das hier eine Art Szenetreff zu sein. Ständig kommen junge hübsche Frauen rein, die sich im hinteren Teil des Cafés zum Drink treffen.

Apropos Frauen. Die sind in diesem Land alle sehr zurechtgemacht, nicht nur die jungen. Man trägt sehr viel Rock und auf jeden Fall hohe bis sehr hohe Schuhe, entweder vorne offene Sandaletten oder geschlossene Pumps. Dass die Straßen voller Matsch und Pfützen sind, scheint vollkommen egal zu sein. Spätestens an diesem Bekleidungsteil identifiziert man uns beide auch eindeutig als Touristinnen; wir haben schon so manch verächtlichen Blick auf unsere bequemen und inzwischen mit Matschrand versehenen Turnschuhe geerntet. Die ganz jungen Frauen sind meist superschlank, viele sehr groß, und tragen gerne die auch bei uns so angesagten Hüftjeans. Und dazu immer diese sehr weiblichen Schuhe.

18.30 Uhr

Vor uns steht ein Salatteller. Gurke, gelbe Paprika, Tomaten, Radieschen. Inzwischen auch mit Dressing versehen. Zunächst serviert wurde er uns allerdings ohne alles. Also suchten wir im Reisewörterbuch die Begriffe für „Essig" und „Öl", zeigten auf die entsprechenden Wörter in der Speisekarte und bekamen das Gewünschte, abgefüllt in zwei kleine Schälchen. Scheint aber völlig ungewöhnlich zu sein, so ein Dressing, die Bedienung jedenfalls guckte etwas konsterniert. Essen die hier ihren Salat trocken?

Jetzt kommt auch schon das Hauptgericht, ukrainischer Borschtsch, mit Kohl, Roter Bete, Kartoffeln, Rindfleisch und saurer Sahne. Mal probieren... Sehr lecker! Allerdings nicht so heiß, wie es bei den eisigen Temperaturen hier angemessen wäre. Aber wie gesagt, es ist ja schließlich August, da serviert man den Borschtsch vielleicht nur lauwarm.

20.05 Uhr

Wieder im Hotel.

Wir haben es geschafft, uns bei der Etagenfrau eine zusätzliche Decke zu besorgen, auf Russisch! Meine Frage „U was jest adijala?" (Haben Sie eine Decke?) führte direkt zum Erfolg.

Und Nina bekam mit „Kippi tschonaja wadá?“ sogar heißes Wasser für die Thermoskanne, für ihren vorsorglich zubereiteten Bronchialtee. Diesen Satz hatte sie sich schon zu Hause von Ivana, ihrer russischen Kollegin, beibringen lassen.

Übrigens sehe ich gerade, dass sie schon wieder eingeschlafen ist.

12. August – Mit dem Postschiff auf dem Jenissej

Dienstag, der 12. August

5.30 Uhr

Es gießt in Strömen. Es ist stockfinster. Es ist eiskalt. Und in einer halben Stunde schon geht es aufs Schiff. Im Regen. Bei Dunkelheit. Und Kälte. Ist das schon der Tiefpunkt unserer Reise? Unsere Stimmung zumindest kann kaum tiefer sinken.

6.05 Uhr

Fühlen uns wie zwei Mafiabosse. Sitzen hinten in komplett verdunkeltem Mercedes. Am Lenkrad ein bulliger, grimmiger Fahrer, der mit uns durch das stockfinstere Krasnojarsk donnert.

Warum wir uns in dieser Szenerie befinden, ist allerdings nicht ganz klar. Eigentlich sollte Nadja uns doch zum Schiff bringen. Sie tauchte gerade auch tatsächlich im Hotel auf, erzählte aber aufgeregt irgendwas von einem Ehepaar, das auch mitfahren würde und auf das sie noch warten müsse. Mit diesen Worten bugsierte sie uns energisch in dieses Taxi. Jetzt wollen wir mal hoffen, dass sie dem sympathischen Herrn vor uns auch alles richtig erklärt hat und wir uns wirklich auf dem Weg zum Hafen befinden.

7.23 Uhr

Wir sitzen wohlbehalten in unserer Kabine auf dem Postschiff. Seit sieben Uhr fahren wir auf dem Jenissej in Richtung der kleinen Stadt Jenissejsk, wo wir heute übernachten werden. Glücklicherweise hat es aufgehört zu regnen, aber natürlich ist trotzdem noch alles grau in grau.

Das Schiff ist wirklich unerwartet schön. Ich habe mir unter einem Postschiff etwas ganz anderes vorgestellt, ein rumpelndes Nutzschiff, falls es diesen Ausdruck gibt. Jedenfalls habe ich erwartet, dass überall in den Gängen diverse Kisten und Säcke mit verschiedensten Waren herumstehen würden, über die man mühselig klettern müsste, um dann in seine spärlichst ausgestattete Kabine zu gelangen, in der man unablässig die Schiffsmotoren dröhnen hört. Aber so sehen vielleicht doch eher die Frachtschiffe nach Übersee aus.

Wir dagegen befinden uns auf einer Art kleinem Kreuzfahrtschiff wie vor hundert Jahren. Von langen Gängen, die in dunkelbraunem glänzendem Holz gehalten und von funzeligen Deckenlampen schwach beleuchtet sind, gehen zu beiden Seiten die Kabinen ab. Diese sind – zumindest hier bei uns in der ersten Klasse – rechts und links an den beigefarbenen Wänden mit zwei Einzelbetten ausgestattet, für die man nach Zahlung von siebzig Rubel (zwei Euro) Bettwäsche erhält, es gibt einen Schrank mit mehreren Decken, einen kleinen Tisch und ein Waschbecken. Und ein großes Fenster, das man wie im Zug öffnen kann. Und eine Heizung, die auch noch prächtig funktioniert. Und nicht zuletzt einen wunderbaren Bordlautsprecher, aus dem westliche Smash-Hits wie „Chihuahua“ von DJ Bobo oder – wie jetzt im Moment – „Cherry cherry lady“ von Modern Talking erklingen. Dankenswerterweise kann man den aber runterdrehen.

Vorhin haben wir das Ehepaar kennen gelernt, von dem Nadja sprach. Auch Kunden von Frau Kretschmann. Scheinen Schwaben zu sein. Beide Ende vierzig, er ganz nett, kräftig, mit Vollbart, so ein „Gemütlicher“, sie klein, dünn, kurzhaarig mit Brille und eher verkniffen. Beide Herrschaften, speziell sie, schienen nicht sonderlich interessiert an näherer Bekanntschaft mit uns zu sein. Auch recht.

11.30 Uhr

Nach einem ausgiebigen Nickerchen hocken wir jetzt auf unseren Betten und betrachten die vorbeiziehende sibirische Landschaft. Die Ufer des Jenissej sind komplett bewaldet mit Tannen, es ist leicht hügelig. Ab und an sind mal ein paar Felsen zu sehen. Anderen Schiffsverkehr scheint es nicht zu geben. Nur gelegentlich ein paar Angler in Schlauchbooten. In der Nähe von Krasnojarsk standen noch ein paar Holzhäuser-Ansammlungen am Ufer, aber seitdem haben wir keinerlei menschliche Besiedlung mehr gesehen. Es gibt nur noch Natur, soweit das Auge reicht – und vermutlich noch viel weiter.

14.32 Uhr

Nach einem weiteren Schläfchen (das Motorengebrumm beruhigt so ungemein) und Lesen in der warmen Kabine sind wir jetzt im Schiffsrestaurant. Als einzige Gäste. Vor den Fenstern hängen schwere Gardinen, die Einrichtung könnte man als 50er-Jahre-Stil bezeichnen, alles wirkt ein bisschen muffig.

Die Bedienung sieht auch wieder interessant aus, sehr blond gefärbt, mit Pony und extrem hoch auf dem Kopf angesetztem Pferdeschwanz, sehr blass, mit ausgesprochen kurzem beigefarbenem Rock und weißer Rundausschnittbluse ohne Ärmel, also alles sehr hochsommerlich. Dazu aber trägt sie eine eher winterlich anmutende schwarze blickdichte Strumpfhose, und dazu natürlich sehr hohe Sandaletten. Dieser Look ist symptomatisch: Die Frauen haben vielfach sehr lange Beine und zeigen diese auch gern; die Brust dagegen wird eher dezent verhüllt, tiefe Ausschnitte oder gar Push-Up-BH`s sind nicht angesagt.

Oh je, jetzt hat sie gerade die Speisekarte gebracht, und die ist handgeschrieben in kyrillischer Schreibschrift. Komplett anders als die Druckschrift. Jetzt sind wir aber mit unserem Latein am Ende! Oder vielmehr mit unserem Kyrillisch!

14.40 Uhr

Es hat doch geklappt, wir werden etwas zu essen bekommen! Tomatensalat und Borschtsch. Wir haben die junge Dame – mit Hilfe des Wörterbuchs – gebeten, uns die Karte vorzulesen: „Wy moschy tje tschitat?“ Das tat sie dann. Leider waren aber die einzigen Worte, die wir von ihrem Vortrag verstehen konnten, Salat, Borschtsch und Kotelett, und so erklärt sich unsere etwas einfallslose Auswahl.

15.10 Uhr

Fertig mit Essen. Leider war der Borschtsch nicht so gut wie gestern, er war diesmal mit Hühnerfleisch statt Rindfleisch gemacht und erinnerte somit geschmacklich eher an Hühnersuppe. Und das Dressing für den Tomatensalat war schlichtweg ein Riesenklecks Mayonnaise. Auch schwer zu verkraften, im wahrsten Sinne des Wortes. Nina orderte noch Brot (Chlep) und Butter (Maßla), damit wir überhaupt satt wurden. Das daraufhin Gelieferte war für jeden eine kleine Scheibe nicht mehr ganz frisches Graubrot, die Butter gab es in homöopathischer Portionierung. Gezahlt haben wir insgesamt 166 Rubel (4,75 Euro).

15.40 Uhr

Wieder in der Kabine, nach einem Rundgang an Deck. Das Wetter hat sich erstaunlich gebessert, Sonne und Wolken wechseln sich ab. Sonderlich warm ist es natürlich trotzdem nicht.

Die Gänge außen am Schiff sind vollgestellt mit großen Kartons. Die sind zwar mit Tüchern verhängt, aber durch eine Lücke konnte ich doch hineinspähen und Hunderte von Kohlköpfen sehen. Aber für wen sind die? Werden die alle nach Jenissejsk verfrachtet? Ich hatte ja eigentlich gedacht, dass wir ständig anhalten und Post und Waren an irgendwelche Dörfchen liefern würden, aber wir scheinen direkt durchzufahren.

Es gibt übrigens sogar ein Sonnendeck, mit roten und blauen Holzklappstühlen. Leider blasen die Schiffsabgase einem da aber so sehr ins Gesicht, dass man selbst bei wärmeren Temperaturen dort nicht länger verweilen wollte.

Außer uns und dem Ehepaar (das wir noch nicht wieder gesehen haben) sind nur Russen an Bord. Wohin die wohl alle wollen? Ist dieses Schiff für sie einfach ein Transportmittel? Touristen wie wir sind sie wohl eher nicht, denn die Aussicht scheint sie herzlich wenig zu interessieren; die meisten haben die Vorhänge vor ihren Kabinen zugezogen.

Um mal ein typisches Russland-Klischee zu bedienen: Ist das ein riesiges Land! Wir fahren und fahren, und zwar nicht eben langsam, aber es tut sich nichts. Nur Wald. Und erst heute Nacht um ein Uhr werden wir in Jenissejsk ankommen, der ersten Stadt auf dieser Strecke. Als Nina und ich vorhin die Landkarte im Gang betrachteten, waren wir völlig irritiert darüber, was für ein kleines Stückchen im Verhältnis zur Gesamtlänge des Jenissej wir heute nur zurücklegen.

Oh, Nina ist schon wieder eingeschlafen. Wie gesagt, sehr einlullend, das Geschaukel plus Motorengebrumm.

Ach, dann leg ich mich doch auch direkt mal wieder hin.

16.25 Uhr

Hilfe, was war denn das jetzt??

Plötzlich brach der Lautsprecher draußen vor dem Fenster mit einem Höllenlärm los. Nina schreckte völlig verstört aus ihrem Schlaf hoch. Erst ging es mit Militärmusik los, jetzt gerade spricht eine Männerstimme irgendwas Unverständliches, untermalt von Säuselmusik.

Nina ist extrem gereizt von diesem Schreck. Und jetzt hupt das Schiff auch noch wie verrückt. Irgendwas scheint ja los zu sein.

Wir gehen mal raus.

16.55 Uhr

Sind wieder da. Haben alles falsch gemacht. Den Höhepunkt der Reise verpasst. Das Passieren der Kasatschinsky-Stromschnellen (dass die so heißen, haben wir gerade im Reiseführer nachgelesen). Darauf wollte der Radau uns wohl aufmerksam machen. Aber bis wir Trantüten angezogen und endlich draußen waren, war dieses Mega-Ereignis natürlich schon wieder Geschichte, und mit unserem Auftauchen an Deck hörte auch prompt die Beschallung auf. Was wir noch in weiter Entfernung sehen konnten, waren Felsen im Wasser, die für starken Wellengang sorgten. Das werden wohl diese Stromschnellen gewesen sein.

Ach, wir Deppen aber auch! Wenn schon mal was los ist…

17.30 Uhr

Jetzt hat die Landschaft sich doch verändert. Keine Tannen mehr, sondern Laubbäume, vor allem Birken. Gerade war eine Pferdeherde am Ufer zu sehen, zwei Pferde standen im Wasser, ein sehr schönes Bild. Aber bis wir Schnecken unsere Fotoapparate gezückt hatten...

19.30 Uhr

Wieder eine andere Landschaft. Erst gab es eine Weile lang dramatische Felsen zu bestaunen, jetzt beherrschen wieder Hügel das Bild, diesmal unbewaldet, dafür von Wiesen bedeckt. Sehr pittoresk, wie wir finden.

Ansonsten verbringen wir die Zeit mit dem Erörtern diverser Beziehungsfragen und Lesen.

Dazwischen die unvermeidlichen Toilettengänge, die wahrlich kein Vergnügen sind. Denn abgesehen von hygienischem Zustand und Geruch stellen diese Toiletten eine besondere Herausforderung dar: Es handelt sich um Hocktoiletten in Beckenform, aber erhöht angebracht, so dass man sich mit den Füßen rechts und links davor jeweils rückwärts auf sehr kleine Plattformen stellen muss. Und da man sich ja nicht auf festem Boden befindet, sondern auf einem schwankenden Schiff, kann man durchaus befürchten, einmal den Halt zu verlieren.

21.03 Uhr

Jetzt reicht es uns aber doch langsam. Nina hat schon wieder eine Stunde geschlafen. Ihr erster Satz nach dem Aufwachen: „Also, mein nächster Urlaub wird ein Sporturlaub!“

Die Landschaft ist jetzt ziemlich öde, dichte Laubwälder, alles flach. Der Fluss ist aber inzwischen so breit, dass man kaum etwas davon sieht.

23.11 Uhr

Was sollen wir davon jetzt wieder halten? Gerade kam die Frau, die uns heute Morgen die Bettwäsche gegeben hat, rein und versuchte uns auf gestische Weise davon zu überzeugen, dass wir in dreißig Minuten am Ziel sind. Aber wir sollten doch erst um 1.00 Uhr ankommen!? Was nun? Sollen wir ihr vertrauen? Oder haben wir sie falsch verstanden? Na ja, packen können wir ja schon mal, das kann nicht schaden. Gut, dass dieses schwäbische Ehepaar da ist. Dann können wir ja sehen, was die machen.

23.30 Uhr

Alles scheint seine Richtigkeit zu haben. Der schwäbische Ehemann hat hier an Bord noch andere Deutsche getroffen, die einen russischen Reisebegleiter haben, und der wusste zu berichten, dass es von Windrichtung und Wasserstand abhängt, wie schnell das Schiff fährt, und dass der viele Regen in den letzten Tagen nun für großen Antrieb gesorgt hat (auf so was hätte ich norddeutsches Küstenkind ja auch mal selbst kommen können).

Außer uns und dem Ehepaar wollen hier übrigens nicht gerade rasend viele Leute aussteigen. Hm.

23.35 Uhr

Nun sind wir also tatsächlich schon angekommen, sagenhafte eineinhalb Stunden vor der planmäßigen Ankunftszeit. Trotz dieser massiven Verfrühung wurden wir aber schon erwartet, zu unserer Überraschung sogar von einem ganzen Empfangskomitee. Mit insgesamt acht Leuten stehen wir jetzt hier am Schiffsanleger im Kreis und mustern uns gegenseitig: Den einen Halbkreis bilden wir vier Deutschen, uns gegenüber stehen vier Russen. Laut unserer Reisebeschreibung sollte allerdings nur eine einzige Person auf uns warten, und zwar eine Dame namens Tamara. Mit diesem Namen hat sich die kompakte Frau mit kurzen dunklen Haaren mir gegenüber auch tatsächlich vorgestellt. So weit ist also erst mal alles richtig. Tamara soll uns laut Plan nun ins Hotel bringen. Warum aber benötigt sie dafür die Begleitung gleich dreier Personen? Tamara steht zwischen einer jungen rothaarigen Frau und zwei Männern, der eine groß und kräftig, der andere eher schmächtig. Zwar hat Tamara uns diese drei gerade namentlich vorgestellt, aber irgendeine Erklärung für deren Anwesenheit gab sie nicht ab. Wie auch? Interessanterweise spricht sie nämlich trotz gegenteiliger Ankündigung von Frau Kretschmann so gut wie kein Deutsch und gar kein Englisch. Bisher habe ich nur verstanden, dass die Rothaarige Julia heißt. Aber gut, für eine simple Fahrt ins Hotel benötigen wir ja auch keine tiefergehenden Informationen. Hauptsache, es geht gleich los und ich kann endlich wieder duschen!

23.45 Uhr

Hilfe! Sitze mit Nina hinten in einem Auto, vorne die beiden russischen Männer. In rasantem Tempo donnern sie mit uns durch schwärzeste Dunkelheit. Keine Straßenlaternen. Kein erleuchtetes Haus. Keine Orientierungsmöglichkeit.

„Wenn das meine Mama wüsste, wir beide in Sibirien, mitten in der Nacht, mit zwei dubiosen Typen im Auto!", murmele ich.

„Sei ruhig!", zischt Nina und stößt mich in die Seite.

„Wieso, die verstehen mich doch gar nicht."

„Aber ich will das nicht hören! Hab Schiss!"

Wir fühlen uns ausgeliefert. Keiner hat uns gesagt, was jetzt passiert. Die beiden Typen haben einfach unsere Koffer geschnappt und in den Kofferraum verfrachtet, uns mit Gesten aufgefordert, hinten einzusteigen, dann Türen zu und los.

Wir werden doch wohl nicht entführt?! Wo ist nur das schwäbische Ehepaar abgeblieben? Hätten wir mit den beiden doch nur unsere Handynummern ausgetauscht! Hilfe!!

23.50 Uhr

Die Fahrt endet so plötzlich, wie sie begonnen hat. Vor einem Einfamilienhaus aus Holz. Drumherum ein hoher Bretterzaun mit Tor. Alle Fenster sind dunkel.

„Eta gostiniza?", (Das ist das Hotel?) höre ich mich fassungslos fragen.

„Da!" (Ja) wird energisch bestätigt.

Der kräftigere der beiden, der Fahrer des Wagens, geht auf das Tor zu und hantiert mit den Schlüsseln. Offensichtlich weiß er nicht, welcher der richtige ist. Was hat das alles zu bedeuten?

23.53 Uhr

Ein zweiter Wagen kommt angefahren. Das schwäbische Ehepaar mit Tamara und der Rothaarigen. Gott sei Dank! Auch die beiden Schwaben gucken verwirrt beim Anblick des Häuschens statt des gemäß Reiseplan erwarteten „einfachen Hotels Jenissejsk".

Unser Fahrer hat den richtigen Schlüssel gefunden, mit allen acht Mann geht es hinein in die gute Stube. Eindeutig ein Privathaus, allerdings momentan ohne irgendeinen Bewohner. Außer uns ist hier niemand. Meine im Stillen gehegte Hoffnung, dass es sich bei dem Haus doch vielleicht um eine Art Pension handeln könnte, in der man schon auf uns wartet, hat sich nicht erfüllt.

Wir vier sind komplett verstört, gucken hilflos und lassen alles über uns ergehen. Die englischsprechende Julia fungiert als Sprachrohr für Tamara.

„This is the room for the girls", führt sie Nina und mich in ein Zimmer. „Girls", wie schmeichelhaft! Denkt sie, wir wären die Töchter des Ehepaares?

Es handelt sich offensichtlich um ein Kinderzimmer, ist von der Größe eines Schuhkartons, dafür aber ausgestattet mit ausgesprochen farbenfroher Märchentapete und pinkfarbenen Plastiktagesdecken auf den schmalen Betten rechts und links.

Wir beide setzen uns einander gegenüber auf die rutschigen Tagesdecken, gucken uns an – und werden kurzzeitig von akutem Kicheranfall übermannt. So stelle ich mir einen LSD-Trip vor: Man befindet sich in einem surrealen Farbspektakel und fühlt sich nicht mehr ganz von dieser Welt.

Das Ehepaar begutachtet in der Zwischenzeit das ihnen zugewiesene Elternschlafzimmer nebenan. Wir hören sie durch die Wand miteinander murmeln.

23.58 Uhr

Ich sitze mit dem schwäbischen Ehemann in der Küche und warte auf die Rückkehr von Nina und der schwäbischen Ehefrau.

Nach Überwindung des ersten Schocks erlangten wir vier nämlich die Fassung zurück und wollten nun wissen, was hier eigentlich gespielt wird. In zwei Gruppen standen wir uns im Flur gegenüber: Deutschland gegen Russland.

Wo denn nun unser Hotel sei, fragte Nina auf Englisch.

Wieso, dies hier sei doch ein Teil des Hotels, antwortete Julia nach Rücksprache mit der grimmigen Tamara.

Na gut, keiner von uns vieren glaubte das wirklich, aber nach kurzer Debatte untereinander verständigten wir uns darauf, doch hier bleiben zu wollen. Für eine Nacht werde es schon gehen. Vor allem der schwäbische Ehemann wirkte beruhigend auf uns ein.

Dann stellte er die Frage, wo wir denn wohl morgen frühstücken würden.

Frühstück?? Nein, das wäre nicht im Preis enthalten. Das müssten wir uns dann selbst irgendwo kaufen, lautete die Antwort der russischen Fraktion.

Wiederum Aufruhr bei uns, weil natürlich bei jeder unserer Übernachtungen ein Frühstück inbegriffen ist; das hatte Frau Kretschmann mir ausdrücklich gesagt. Aber wir beruhigten uns erneut und beschlossen, das Ganze morgen einfach auf uns zukommen zu lassen.

Doch nun überreizte die russische Seite. Ganz beiläufig wurde gemurmelt, dass da noch ein kleines Problem sei. Es gebe kein Wasser im Haus. Nicht nur kein heißes, sondern gar keins! Als uns das ganze Ausmaß dieses Umstandes bewusst wurde – nämlich dass dann nicht mal die Toilettenspülung funktioniert – kam selbst der besonnene Ehemann zu dem Schluss: „Jetzt wird es uns zu bunt, dann bestehen wir doch auf dem Hotel."

Die Antwort der schlauen Tamara (übersetzt von Julia): „Da gibt es auch kein Wasser!"

Tumult auf deutscher Seite. Daraufhin das russische Angebot: „Tamara und Julia fahren ins Hotel und fragen, ob es dort Wasser gibt."

Aber jetzt war das Ende der Fahnenstange bei uns erreicht, denn es war doch klar: Bei der Rückkehr würden sie behaupten, dass die Lage im Hotel die gleiche sei wie hier im Haus. Aber uns fiel eine Lösung ein: Nina und die schwäbische Ehefrau fahren zusammen mit den beiden Russinnen zum Hotel und nehmen die Wasserversorgungssituation selbst in Augenschein, der Ehemann und ich bleiben hier – damit unser Gepäck nicht unbeaufsichtigt bleibt. Gesagt, getan.

Während dieses ganzen Hin und Her müssen die beiden russischen Männer irgendwann unbemerkt weggegangen sein, jedenfalls sind sie jetzt nicht mehr da. Die werden sich ja nicht hier irgendwo im Haus versteckt haben, um uns in der Nacht abzumurksen?!

0.19 Uhr

Gerade eben ist ein völlig fremder alter Mann hereingekommen. Wortlos schleppte er eine große Milchkanne voll Wasser ins Haus und bugsierte sie ins Bad. Dann ging er schweigend wieder. Uns gönnte er keinen einzigen Blick.

Na ja, nun kann natürlich niemand mehr sagen, wir hätten kein Wasser!

0.23 Uhr

Jetzt wiederum sind unser Fahrer und der andere Mann aus dem Auto zurückgekommen. Sie haben Tee, eingeschweißten Kuchen und tiefgefrorene Pelmeni (gefüllte Teigtaschen, Ravioli-ähnlich) dabei und wollten anfangen zu kochen. Offensichtlich ist ihnen der Stand der Dinge nicht klar, und den können wir ihnen mangels sprachlicher Schnittmenge auch nicht mitteilen. Aber dass sie mit dem Kochen noch warten sollen, haben wir ihnen irgendwie klar gemacht. Der Kräftige sucht jetzt gerade irgendwas im Wörterbuch Englisch-Russisch. Ach, ist das fürchterlich, wenn man nicht kommunizieren kann!

Hilfe, ich schwitze. Habe sicher auch eine hochrote Birne vor lauter Anspannung.

0.34 Uhr

Nun sind wir wieder komplett. Nina und die Schwäbin sind zurück. Und fassungslos. Im Hotel an der Rezeption wurde nämlich behauptet, dass es für uns dort gar kein Zimmer geben würde. Alle Doppelzimmer seien ausgebucht. Reservierung? Nein, würde nicht vorliegen. Aber wenn wir denn unbedingt dort übernachten wollten: Es würde noch ein Zimmer für vier Personen und eines für sieben geben.

Obwohl klar war, dass wir alle nicht scharf darauf sein würden, als Fremde gemeinsam in einem Zimmer zu schlafen, ließen Nina und die Schwäbin sich das Vierer-Zimmer zeigen.

„So was Schäbiges habe ich in meinem ganzen Leben noch nicht gesehen“, sagt die wirklich erboste Nina. „Die wollen uns hier alle verarschen. Ein Riesenhotel und alles ausgebucht. Nie im Leben! Da war weit und breit kein Mensch.“

Aber was sollen wir machen? Trotz höchster Empörung haben wir beschlossen, klein beizugeben und hierzubleiben. Man ist ja machtlos, wenn alle eindeutig unter einer Decke stecken. Was allerdings das Hotel davon hat, seine Zimmer nicht zu vermieten, ist mir schleierhaft, aber ich kann momentan auch nicht mehr klar denken.

Jedenfalls sitzen wir jetzt hier zu viert am Küchentisch, trinken Tee, essen den Kuchen und sind alle Mann ganz und gar aufgekratzt.

02.15 Uhr

Wir liegen zwar jetzt in unseren Kinderbetten, können aber immer noch nicht schlafen vor Aufregung (oder weil wir auf dem Schiff so viel geschlafen haben).

Die Situation ist schon sehr sonderlich. Ich fühle mich so ohnmächtig. Das Handy funktioniert nicht, kein Empfang. Ein Telefon im Haus gibt es auch nicht. Von Tamara haben wir sowieso weder Telefonnummer noch Adresse, nicht mal den Nachnamen. Wir können also nur hoffen, dass nichts Unvorhergesehenes passiert.

Außerdem macht uns unsere körperliche Hygiene langsam Sorgen. Auf die Aktion mit der Schöpfkelle in Krasnojarsk haben wir verzichtet, weil wir uns sicher waren, dass wir in dem Hotel hier in Jenissejsk wieder duschen und unsere Haare waschen könnten. Das wird ja nun nichts, und auch danach sieht es finster aus. Die nächste Nacht verbringen wir im Zug, dann geht es aufs platte Land. Ob es da fließendes Wasser gibt? Oder überhaupt Wasser?

Aber jetzt auch mal was Positives: Die beiden Schwaben sind entgegen unserem ersten Eindruck heute Morgen auf dem Schiff doch sehr nett. Sie sind gar kein Ehepaar, sondern Schwager und Schwägerin. Interessante Konstellation. Wir vermuten, dass er mit ihrer Schwester verheiratet ist. Er – Manfred – wohnt in Stuttgart, sie – Heidi – seit dreißig Jahren in Berlin. Heidis meistgebrauchte Geste: Sich mit der Hand an die Stirn fassen, den Kopf leicht senken und ihn dann fassungslos schütteln. In Worten ausgedrückt: „Oh nein, oh nein, das gibt`s doch wohl nicht!“ Sie verkraftet das alles hier so gar nicht. Zum Ausgleich dafür ist der Manfred ein echter Stoiker. Wir werden den beiden wahrscheinlich noch mal am Baikalsee begegnen, sie haben eine sehr ähnliche Reise gebucht wie wir, bleiben aber morgen Nacht noch in Krasnojarsk, während wir dann „auf den Zug gehen“. Darauf bin ich schon so gespannt – unsere erste Fahrt mit der Transsibirischen Eisenbahn…

13. August – Per Nachtzug nach Taischet

Mittwoch, der 13. August
9.57 Uhr
Hurra, wir haben wieder Wasser! Unerklärlich, warum es plötzlich wieder fließt. Nur nützt es jetzt nicht mehr viel, denn um zehn Uhr will Tamara mit ihren Helfershelfern schon hier sein. Und ehrlich gesagt weiß ich auch nicht, ob meine Haut und Haare wirklich mit dieser braungrauen Brühe in näheren Kontakt treten sollten. Aber wenigstens muss man nun nicht mehr nach jedem Toilettengang die Spülung mit der Schöpfkelle auffüllen.

10.24 Uhr
Die schlechte Stimmung des gestrigen Abends setzte sich mit der Ankunft unserer russischen Freunde direkt fort. Pünktlich um zehn betraten die vier das Haus. So weit, so gut. Doch dann wollten sie direkt mit einer Stadtführung beginnen. Unsere Frage nach dem Frühstück stieß erneut auf völlige Ablehnung, nach dem Motto: „Frühstück, was soll das denn sein?“ Es gab erneut einiges Hin und Her, unser gestriger Fahrer verdrehte entnervt die Augen und ging wieder raus. Am Ende verständigten wir uns darauf, dass Nina und ich irgendwas für das Frühstück besorgen, während die Schwaben unser Gepäck bewachen.

So sitze ich nun mit Nina hinten in Tamaras Auto, vorne auf dem Beifahrersitz hockt Julia. Wir sind auf dem Weg zum Supermarkt. Bin gespannt auf die hiesigen Einkaufsmöglichkeiten.

Übrigens hat Tamara ganz viele goldene Zähne. Habe ich erst heute Morgen registriert. Sieht unglaublich aus!

10.35 Uhr

Meine Erwartungen wurden nicht enttäuscht. Genauso habe ich mir einen sibirischen „Supermarkt“ vorgestellt. Ein großer Tresen, dahinter die Verkäuferin in weißer Kittelschürze, in ihrem Rücken die Waren auf einem Regal an der Wand, weit entfernt vom Kunden. Und obwohl das Regal durchaus gefüllt ist, gibt es beileibe nicht alles, was wir haben wollen. Nun ja, zugegeben, unsere Wünsche sind ja auch zu und zu ausgefallen, verrückt geradezu: Brot wollen wir doch glatt kaufen! Und dann auch noch Marmelade! Also wirklich! Könnten wir uns denn nicht mit dem begnügen, was in Hülle und Fülle vorhanden war? Es gibt doch schließlich Unmengen von Butter und Käse. Und dann noch in rauen Mengen im restlichen Teil des Ladens – Polstermöbel! Sessel und Sofas im Siebziger-Jahre-Stil.

11.10 Uhr

Unser Glück ist perfekt. Tamara und Julia sind mit uns noch in einen anderen Laden gefahren, in dem es sowohl Brot als auch Marmelade gab, und nun sitzen wir hier in der Küche von Wem-auch-immer und frühstücken, während Tamara und Konsorten draußen auf uns warten.

Gleich geht es los mit der Stadtführung. Interessanterweise steht die im Gegensatz zum Frühstück aber gar nicht auf unserem Plan. „Zeit für einen Spaziergang durch Jenissejsk, eine der ältesten Städte Sibiriens“ hatte

Frau Kretschmann uns für den heutigen Tag zugedacht. Das heißt doch wohl: Eigenaktion. Haben zumindest wir vier so verstanden. Aber hier kommt ja alles anders...

12.05 Uhr

Jetzt sind wir aber sehr versöhnt mit allem. Das Wetter ist herrlich, strahlend blauer Himmel, es ist sehr warm. Und nachdem Tamara weggefahren ist und wir nur noch mit Julia und unserem gestrigen Fahrer, Aljoscha, unterwegs sind, ist auch die Stimmung viel entspannter. Wir finden die beiden inzwischen sogar ganz rührend. Aljoscha hat eine Mappe dabei, aus der er Informationen über den Ort auf Russisch abliest, Julia übersetzt diese ins Englische, und wir machen einen interessierten Eindruck. Die Schwaben fragen dankenswerterweise auch das eine oder andere. Nina und ich wollen dagegen eigentlich immer nur fotografieren. Jedes schiefe Holzhaus mit den typischen grün-blau-weißen Fensterläden löst bei uns Entzücken aus.

Aber was ich immerhin mitbekommen habe: Jenissejsk hat knapp zwanzigtausend Einwohner, wurde im 17. Jahrhundert gegründet und wird oft als „Vater aller sibirischen Städte“ bezeichnet. Vor allem berühmt ist die Stadt für ihre Klöster und Kirchen.

Jetzt gerade stehen wir auf dem Turm einer solchen Kirche und betrachten das Städtchen von oben. In die Kirche rein durften wir nur mit einem Tuch auf dem Kopf, da gab es gar keine Diskussion. Und Julia und Aljoscha haben sich auch sehr inbrünstig bekreuzigt. Auf dem Land spielt die Religion offensichtlich eine ganz andere Rolle als in der Großstadt Moskau. Die Kirche für uns aufgeschlossen hat übrigens der Sohn des Priesters. Dass orthodoxe Priester Familie haben dürfen! Erstaunlich.

13.50 Uhr

Wir vier Deutschen sitzen in einem Restaurant – oder so was in der Art. Julia und Aljoscha haben uns hierher gebracht und uns an der Eingangstür dann einem jungen Mann „übergeben". Er führte uns eine Treppe hoch und bog dann sofort ab nach rechts in einen separaten Raum mit einem einzigen großen Tisch. Ob es hier irgendwo auch einen „normalen" Restaurantbereich mit anderen Gästen gibt, konnte ich auf die Schnelle nicht erkennen. Unser Raum jedenfalls ist recht speziell. Man hat ihn in einem unglaublichen Hellgrün gestrichen, das auf alles abstrahlt und uns wie Leichen aussehen lässt.

Außerdem läuft hier irgendetwas schon wieder nicht so wie es sollte. Heute Morgen hat Tamara uns gefragt, was wir mittags essen wollen. Borschtsch oder Fisch standen zur Auswahl, und alle vier entschieden wir uns für Borschtsch. Und zwar nur für Borschtsch. Punkt. Aber als wir hier ankamen, stand zunächst schon einmal unbestellt roher Fisch, in Scheiben geschnitten, auf dem Tisch. Der schmeckte sehr streng. Ich habe nur ein bisschen genippt, wer weiß, wie lange der da schon steht. Dann kam, auch ohne dass wir es angefordert hätten, für jeden ein Schälchen Salat mit Paprika, Tomaten und Schinken, mal wieder üppig mit Mayonnaise angemacht. Dann der Borschtsch. So weit, so gut. Aber zu unser aller

Überraschung wurde dann erst das eigentliche Hauptgericht aufgetischt: Dick mit Käse überbackener Fisch mit Pommes frites. Diese mächtige Portion auch nur zur Hälfte aufzuessen schaffte von uns natürlich keiner, nicht mal der Manfred.

Also, bei allem was recht ist, an ein Missverständnis kann ich nicht wirklich glauben. Die wollen hier einfach an uns verdienen. Ist ja auch in Ordnung, damit kann man ja leben. Aber es strengt so an, wenn ständig alles anders läuft als man es erwartet hat.

Apropos: An dem eigentlich für die letzte Nacht vorgesehenen „Hotel Jenissej“ sind wir bei unserem Stadtrundgang auch vorbeigekommen. Das ist ein ziemlich großes Gebäude mit ziemlich vielen Zimmern. Nie im Leben kann das ausgebucht gewesen sein, insbesondere wenn man berücksichtigt, dass wir in diesem Ort derzeit offensichtlich die einzigen Touristen sind. Aber na ja, Schwamm drüber. Wir werden den Hintergrund unserer seltsamen Übernachtung vermutlich nie erhellen können.

15.10 Uhr

Am Busbahnhof. Wenn man diesen Ort hier überhaupt so nennen kann. Es handelt sich dabei einfach um einen großen asphaltierten Platz, auf dem Horden von Menschen stehen, die in die diversen Busse steigen, welche wie zufällig gelegentlich angefahren kommen. Einen Fahrplan sehe ich nirgendwo, und mir ist auch überhaupt nicht klar, woran wir unseren Bus zurück nach Krasnojarsk erkennen sollen. An den Bussen selbst steht jedenfalls nichts. Aber zu diesem Zweck ist dankenswerterweise Genossin Tamara Goldzahn wieder zu uns gestoßen. Sie beäugt jedes Gefährt prüfend, schüttelte bis jetzt aber immer energisch den Kopf, wenn wir sie fragend ansahen. Was mich aber nicht traurig stimmt, denn da waren schlimme Vehikel dabei...

Eigentlich wollten wir vor der Abfahrt noch zur Bank, Geld wechseln. Vor dem Essen haben wir extra nach den Öffnungszeiten gesehen, und um 14 Uhr sollte die Bank nach der Mittagspause wieder öffnen. Als wir aber um 14.30 Uhr dort hingingen, war sie immer noch geschlossen; dafür stand eine Traube von mindestens vierzig Leuten eng gedrängt vor der Tür. Wir werden also noch länger mit dem Rest unseres in Moskau getauschten Geldes auskommen müssen. Aber große Ausgaben haben wir zurzeit ja nicht.

16.20 Uhr

Seit gut einer Stunde sitzen wir nun in unserem „Minibus“, der nur zwölf Plätze hat. Eigentlich kann ich hier nicht in mein Notizbuch schreiben, weil wir die ganze Zeit komplett durchgeschüttelt werden. Aber jetzt gerade hat der Bus angehalten, weil eine Oma in Uniform am Straßenrand stand, uns mit einer Kelle rauswinkte und nun die Anzahl der Fahrgäste mit ihrer Liste abgleicht. Sehr wunderlich. Riecht nach Arbeitsbeschaffung.

Wir als Ausländer durften vorhin zuerst einsteigen, das war mir ein bisschen unangenehm. Vielleicht waren wir aber auch schlichtweg die einzigen Passagiere mit reservierten Plätzen.

Mir schräg gegenüber sitzt eine ältere Frau, daneben eine junge blonde Frau mit einem ungefähr dreijährigen Kind auf dem Schoß. Was mit diesem Jungen los ist, ist mir ein Rätsel. Er schläft fast die ganze Zeit, was bei diesem Gerumpel an ein Wunder grenzt, und wenn er mal aufwacht, guckt er dermaßen teilnahmslos in die Gegend, dass ich fast glaube, die Mutter hat ihm vor Fahrtantritt Valium verabreicht.

17.30 Uhr

Pinkelpause für alle. An einer kleinen „Raststätte" mitten im Nirgendwo. Es gibt ein Plumpsklohäuschen, aber das ist wohl so indiskutabel, dass unsere erfahrenen weiblichen Mitreisenden sich gleich hinter einen Bretterzaun begaben und sich dort erleichterten – was wir ihnen dann mit einem gewissen zeitlichen Abstand gleichtaten.

Manfred ist ganz aus dem Häuschen darüber, dass eine Kuhherde scheinbar von ganz allein in geordneter Reihe nach Hause trottet, alle schön hintereinander, alle wie es sich gehört am linken Straßenrand. Der ist wohl ein Stadtmensch, der Manfred.

19.45 Uhr

Wieder in Krasnojarsk.

Wir vier sitzen im Taxi und fahren vom Busbahnhof zum Hotel. Ich hinten auf dem Rücksitz zwischen Manfred und Heidi, Nina vorne auf dem Beifahrersitz. Sie versucht gerade inbrünstig, unserem Taxifahrer (ein junger Mann namens Dimitri) klarzumachen, dass er uns beide um 23 Uhr wieder abholen und zum Bahnhof bringen soll –

unser Zug nach Taischet fährt um 00.20 Uhr. Hoffentlich kapiert Dimitri das auch, denn seine Deutschkenntnisse beschränken sich auf die Worte „Bayern München" und „Lothar Matthäus", und Englisch kann er gar nicht. Aber er ist sehr charmant und lächelt und nickt die ganze Zeit. Manfred ist sich sicher: „Der vergisst euch beide bestimmt nicht!"

20.15 Uhr

Hotel Krasnojarsk, in der Hotelhalle.

Bis zur Abfahrt müssen wir die Zeit irgendwie rumkriegen, sind aber gehandicapt, weil wir unser Gepäck dabei haben. Glücklicherweise haben uns die Schwaben angeboten, dass wir die Koffer bei ihnen im Hotelzimmer unterstellen können. Das haben wir gerade getan, wenn auch unter Protest der Etagenfrau, die wohl dachte, dass wir planen, zu viert in dieser kleinen Hütte zu übernachten. Es gab ein großes Hin und Her, aber wir konnten uns einfach nicht miteinander verständigen. Schließlich winkte sie mit mürrischer Miene ab und trottete von dannen.

Jetzt warten wir hier auf Manfred und Heidi, wir wollen zum Abschied noch was trinken gehen.

21.45 Uhr

Wieder im schon bewährten Café Zentral. Aber irgendwie haben wir verständigungstechnisch gerade einen schlechten Lauf. Manfred wollte für sich und Heidi einfach nur ein Bier bestellen, doch bis dieser einfache Wunsch der Bedienung klargemacht werden konnte, vergingen bestimmt fünf Minuten. Und ich bestellte ein *Corona* und bekam eine *Cola*. Nur Nina mit ihrem Rotwein hatte Glück.

23.20 Uhr

Nein, diese Aufregungen! Diesmal aber hausgemacht, sozusagen.

Die Aussicht auf unsere erste Zugfahrt hat nämlich Nina kurzfristig die Nerven verlieren lassen. Sie traut unserem Dimitri, der uns tatsächlich pünktlich abgeholt hat, nicht zu, dass er wirklich das Wort „Bahnhof" im Sinne von Zug-Bahnhof verstanden hat. Sie ist der felsenfesten Ansicht, dass er uns zum Bus-Bahnhof gefahren hat.

„Hier waren wir doch heute schon, da bin ich ganz sicher", behauptet sie immer wieder.

Auch Dimitris leidenschaftliche Versuche, Nina zu beweisen, dass alles in Ordnung ist, indem er einen Zug pantomimisch darstellte, wobei er immer sehr lustig „schtscht" schnaufte, überzeugen sie nicht. Mich hingegen sehr. Ich habe eigentlich keine Bedenken. Dieser Umstand übrigens regt Nina noch zusätzlich auf.

„Wie kannst Du nur so ruhig bleiben?", schnauzte sie mich gerade wütend an. Darauf antworte ich besser gar nicht.

Zugeben muss ich allerdings, dass das vor uns liegende Gebäude wirklich nicht als ein Bahnhof zu identifizieren ist. Man sieht lediglich ein in Bau-Plastik verhülltes riesiges Etwas. Leider ist auch weit und breit niemand da, den man fragen könnte. Nur zwei Polizisten lungern herum. Aber nach dem Motto „Traue keinem Polizisten" scheiden die als Ansprechpartner natürlich aus. Im Gegenteil, ihre Anwesenheit verursacht uns noch zusätzlichen Stress.

Ich bin ja dafür, einfach auszusteigen und in dieses verhüllte Gebäude zu gehen. Aber ich warte mit diesem Vorschlag noch ein bisschen, bis Ninas Blutdruck sich wieder auf Normalpegel eingestellt hat und ihr Verstand wieder eingeschaltet ist.

0.45 Uhr

Alles ist gut, wir sitzen im Zug.

Irgendwie hat Nina es in ihrer Not geschafft, den armen Dimitri dazu zu bewegen, sein Taxi abzuschließen und uns zum Zug zu bringen. Ich weiß nicht warum, aber sie traute sich und mir plötzlich nicht einmal mehr zu, das richtige Gleis zu finden.

Dabei war alles ganz problemlos. Das verhüllte Gebäude war tatsächlich der Bahnhof, man musste durch einen Seiteneingang hineingehen. In der Halle gab es eine große Anzeigetafel, auf der kurz nach unserer Ankunft unser Zug (Nr. 44) mit Bahnsteig angezeigt wurde, das Gleis war leicht zu identifizieren, und der Zug rollte auch schon ein.

In ihrer Dankbarkeit, dass nun doch alles so gut geklappt hatte, drückte Nina Dimitri zwei Dollar in die Hand. Das war anscheinend ziemlich viel, denn daraufhin wurden wir ihn gar nicht mehr los. Er bestand darauf, uns die Koffer direkt ins Abteil zu tragen und war auch plötzlich der Ansicht, dass wir beide ja „so beautiful“ seien (komisch, diese Vokabeln kannte er plötzlich).

Nun können wir endlich durchatmen und entspannt (und hoffentlich auch bald schlafend) unserem Ziel Taischet entgegenrollen. Es geht 400 Kilometer weit in Richtung Osten. Taischet ist allerdings nur unser Ankunftsort, wir werden dort am Bahnhof abgeholt und dann nach Birjusa gebracht, ein Dorf. Und dort werden wir das erste Mal auf dieser Reise in einer privaten Unterkunft bei einer Familie übernachten. Wie das wohl wird?

01.05 Uhr

Wirkliche Entspannung ist noch immer nicht bei uns eingetreten. Wir sitzen zu zweit in einem Vier-Bett-Abteil. Genauso hat Frau Kretschmann es auch für uns gebucht, nämlich „ein Vier-Bett-Abteil zur alleinigen Benutzung durch Sie beide“. Allerdings haben wir im Reiseführer gelesen, dass es trotz einer derartigen Reservierung und dementsprechenden Bezahlung durchaus passieren kann, dass einem einfach noch zwei weitere Leute mit ins Abteil gepackt werden. Und seit geraumer Zeit stehen im Gang direkt vor unserer Tür zwei asiatisch aussehende Männer mitsamt Gepäck, die wild mit der Schaffnerin debattieren. Und sie hat schon zweimal einen nachdenklichen Blick zu uns hineingeworfen. Wehe!

Über die Schaffner der Transsibirischen Eisenbahn, die Prowodniks, habe ich schon viel gelesen. Sie sind wichtige Personen, die absoluten Chefs an Bord, und man sollte sich gut mit ihnen stellen. Die Prowodnika vor unserer Tür ist extrem jung und leider bar jeglicher Fremdsprachenkenntnis, wie wir vorhin schon feststellen konnten. Trotzdem schaffte sie es, uns Bettwäsche für jeweils 60 Rubel (1,70 €) zu verkaufen oder besser gesagt zu vermieten. Dabei brauchen wir die eigentlich gar nicht, wir haben doch unsere wunderbaren Baumwollschlafsäcke dabei. Ein Verkaufstalent also, die junge Dame. Ich hoffe, dass sie auch ein Organisationstalent ist und die beiden Herren irgendwo anders unterbringen kann. Ich will ja nicht unaufgeschlossen erscheinen, aber die ganze Nacht auf diesem engen Raum mit zwei wildfremden Typen verbringen, mit denen man sich vermutlich nicht einmal verständigen kann – das möchte ich einfach nicht, so viel Ehrlichkeit muss sein.

01.15 Uhr

Puh, was für ein Glück, die Herren sind weg! Ein paar Minuten redeten sie noch auf die Schaffnerin ein, während wir beide mit verschränkten Armen nebeneinander auf dem unteren Bett saßen und versuchten, durch möglichst grimmige Mienen unsere Abwehrhaltung kundzutun. Schließlich zogen die drei von dannen, und ich gehe davon aus, dass sie den Gedanken an ein Entern unseres Abteils endgültig aufgegeben haben.

Wir haben uns inzwischen einigermaßen häuslich eingerichtet, liegen beide auf dem jeweils oberen Bett. Obwohl man eine Art Matratze bekommen hat, ist die Unterlage sehr hart. Und auch sehr schmal.

Jetzt sollten wir wohl langsam mal zur Ruhe kommen. Aber vorsichtshalber gehe ich erst mal „die Örtlichkeiten inspizieren“, damit ich nicht noch mitten in der Nacht raus muss.

01.35 Uhr

Die Toiletten sind ziemlich schlimm. Zwar keine Hocktoilette, aber das tröstet wenig bei dem bestialischen Uringeruch.

02.15 Uhr

An Schlaf ist nicht zu denken. Zum einen ist das Bett so dermaßen hart, dass Hüfte und Schulter schon taub sind. Zum anderen habe ich das Gefühl, als würde ich in jeder Kurve entweder ans Fuß- oder ans Kopfende gezogen oder geschoben. Und ständig hält der Zug an, so dass auch mit einlullendem Geratter nichts ist.

14. August – Im Dörfchen Birjusa

Donnerstag, der 14. August
8.25 Uhr Ortszeit Taischet

(3.25 Uhr Moskauer Zeit, 1.25 Uhr Deutschland)
So darf ein Tag nicht anfangen! Laut Plan sollen wir um 8.40 Uhr in Taischet ankommen, also stellten wir den Wecker auf 7.30 Uhr. Aber schon um 7.00 Uhr wurden wir brutal aus dem Tiefschlaf gerissen. Die Schaffnerin stand plötzlich vor unseren Betten und versuchte uns irgendetwas Dringendes mitzuteilen. Aber was? Eine Verständigung mit ihr klappte ja schon gestern kaum, und in unserem schlaftrunkenen Zustand jetzt war es ganz und gar unmöglich. Der Versuch endete mit hilflosem Achselzucken auf beiden Seiten.

Sie holte Verstärkung in Form einer anderen jungen Frau, aber auch das brachte nichts. Angesichts der aussichtslosen Situation verfielen die beiden Damen erst mal in großes Gekicher. Dann kam die Prowodnika auf eine glorreiche Idee: Sie schrieb uns etwas auf, und zwar: „3.40 Taishet – now 3.00. Btajanna 2 minutu“.

Auch wenn das die Moskauer Zeit war, die sie uns da mitteilte, wurde uns doch schlagartig alles klar. Wir hatten nicht bedacht, dass zwischen Krasnojarsk und Taischet eine Zeitverschiebung von einer Stunde besteht und wir deshalb den Wecker hätten vorstellen müssen. Und das mit den „2 minutu“ sollte wohl heißen, dass der Zug nur zwei Minuten hält, wir also zackig aussteigen müssen.

Also große Hektik bei uns, schnell alles packen und uns notdürftig zurechtmachen. Notdürftig zurechtmachen heißt: Zähne putzen. Sonst nichts. Zu einer einigermaßen zufriedenstellenden Körperhygiene wären wir allerdings auch dann nicht in der Lage gewesen, wenn mehr Zeit gewesen wäre. Zum einen hätten wir uns in den Toilettenräumen waschen müssen – da deren Zustand sich über Nacht wahrhaftig nicht verbessert hat, eine abstoßende Vorstellung. Zum anderen würde sich das Waschen aber ohnehin sehr schwierig gestalten, weil das Wasser nur dann aus dem Hahn fließt, wenn man die ganze Zeit über einen Zapfen hochdrückt, der sich an der Unterseite des Hahnes befindet. Man hat also nur eine Hand frei.

Meine Haare habe ich übrigens gestern Nacht noch „gewaschen", und zwar mit dem auf Empfehlung von Frau Kretschmann mitgebrachten Trockenshampoo. Na ja. Sehe jetzt am Kopf zwar sehr fluffig aus, kann aber nicht leugnen, dass mir der anhaftende Grauschleier etwas Ältliches verleiht.

8.50 Uhr

Nina und ich hinten in einem Auto, auf dem Weg von Taischet nach Birjusa.

Am Steuer: Alexej. Er ist ungefähr Mitte 30, sehr kräftig, blond, angeglatzt, mit sehr intensiv blauen Augen in einem runden gebräunten Gesicht. Über seine Sprachkenntnisse sind wir uns nicht so ganz im Klaren. Er spricht ein wenig Deutsch, konnte uns am Bahnhof zumindest das Nötigste mitteilen, scheint uns aber nicht zu verstehen, jedenfalls reagiert er nie auf unsere launigen Bemerkungen. Vielleicht findet er sie schlichtweg nicht der Erwiderung wert.

Großen Spaß hat er aber daran, uns zu zeigen, wie schnell man auch mit russischen Autos in Kurven fahren kann. Vielleicht erhofft er sich aufgeregtes Quietschen von uns Damen auf der Rückbank. Den Gefallen tun wir ihm aber nicht. Nur ab und zu müssen wir mal etwas schärfer einatmen.

9.00 Uhr

Birjusa. Ein Sechshundert-Seelen-Dorf zwölf Kilometer von Taischet entfernt. Landleben pur.

Die Straße von Taischet nach Birjusa war noch asphaltiert, aber hier im Dorf gibt es nur noch Schotterwege. Die Holzhäuser ähneln denen in Jenissejsk, sind aber um einiges mehr heruntergekommen.

Jetzt fahren wir auf Alexejs Haus zu. Genauer gesagt stehen wir vor einem Bretterzaun, dessen Tor gerade geöffnet wird von einer verschlafen aussehenden jungen Frau in knallrotem Nickibademantel mit Pantoffeln an den nackten Füßen.

„Meine Frau Tanja“, sagt Alexej.

Wir steigen aus, geben ihr die Hand. Sie verzieht keine Miene. Oh je!

Der größte Teil des Grundstücks besteht aus einem riesigen Blumen- und Gemüsegarten. Alles blüht üppig. Rechts davon steht ein kleines Haus.

„Küche und Bad“, sagt Alexej, während er auf dieses Haus deutet.

„Toilette", sagt er dann und zeigt auf eine kleine Hütte am Ende des Gartens. Sieht schwer nach Plumpsklo aus.

„Schlafzimmer", sagt er schließlich und führt uns in ein größeres Haus, das sich links vom Garten befindet. Wir gehen durch einen Vorraum mit Waschbecken, durch einen Flur, von dem rechts ein großes Wohnzimmer abgeht, an einer weiteren Tür vorbei geradeaus in „unser" Zimmer. Es ist offensichtlich das Schlafzimmer von Tanja und Alexej.

„In zehn Minuten Frühstück", sagt Alexej und lässt uns allein.

Wir setzen uns auf das Ehebett und sehen uns um. Bodenlange, bestickte und sehr dichte Gardinen, glänzende Übergardinen in beige-braunem Muster, farblich passend dazu Tapete, Auslegware und Tagesdecke. Ein roter Teppich an der Wand neben dem Bett. Ein dunkelbrauner Schrank, zwei schwere braune Sessel. Unsere Unterkunft für die nächsten 36 Stunden.

Wir gucken uns an.

„Ich muss mal", sagt Nina und macht sich auf den Weg durch den Garten.

Das Bett ist sehr weich, merke ich, als ich mich nach hinten werfe und erschöpft die Augen schließe.

„Wenn du hier im Winter bei minus dreißig Grad aufs Klo musst, kannst du dich jedes Mal in Stiefel und Pelzmantel schwingen bei so einem Fußmarsch", sagt Nina, als sie zurückkommt „Und selbst dann frierst du dir ja wohl noch den A... ab. Zieht ja jetzt schon so kalt von unten hoch aus diesem Loch im Boden."

10.25 Uhr

In der Küche in dem kleinen Haus nebenan scheint sich das hauptsächliche Leben abzuspielen. Der Küchentisch mit einer Eckbank drum herum steht in der Mitte des Raumes. Von dort aus hat man freien Blick auf den Fernseher, der auf dem Kühlschrank prangt und auch während des Essens läuft. Vor dem Fenster steht ein großes Sofa, auf dem Alexej sich lümmelt, während Tanja das Frühstück für uns zubereitet und den Tisch deckt.

Sie, Tanja, macht einen durch und durch ländlichen Eindruck. Den roten Bademantel trägt sie noch immer, ihre Haare sind ungeschnitten und ungekämmt, geschminkt ist sie natürlich auch nicht. Das absolute Gegenteil zu den bisher gesehenen und durchweg nett zurechtgemachten russischen Frauen.

Aber das Frühstück, das sie uns gerade serviert hat: herrlich! Zwei Spiegeleier für jeden, von den Hühnern des Hofes, dazu Tomaten, rote und gelbe, aus dem Gewächshaus hier im Garten. Wirklich, ich habe noch nie so köstliche Tomaten gegessen! Dann Brot und Himbeermarmelade, letztere auch hergestellt aus den Früchten im Garten. Mit dieser Marmelade süßt man auch den Tee. Beinahe eine Verschwendung.

Die Stimmung war und ist allerdings etwas angespannt. Tanja spricht weder Englisch noch Deutsch, bis auf ein paar Einzelvokabeln, so dass das Gespräch ausschließlich über Alexej läuft. Er hat sich die Sprache angeblich selbst beigebracht mit Hilfe eines Wörterbuches. Das kann ich kaum glauben, weil er entgegen unserem ersten Eindruck doch wirklich gut spricht. Wahrscheinlich musste er sich in die Sprache erst wieder reinfinden.

Dennoch ist der Gute recht maulfaul. Auf Fragen antwortet er höflich, aber knapp, und von sich aus scheint er kein gesteigertes Redebedürfnis zu verspüren. Russische Herzlichkeit? Bisher Fehlanzeige.

Nur ein Mal konnte ich ihn aus der Reserve locken.

„Kennen Sie Vladimir und Vitali Klitschko?"

„Natürlich, Boxen mein Lieblingssport!", strahlte er über beide Backen.

„Aber Fußball ich nicht mag. Gar nicht!", setzte er sogar noch freiwillig hinzu. Damit hatte es sich dann aber auch schon wieder. Thema Sport abgehakt.

Immerhin wird die Last des Schweigens ein wenig dadurch abgemildert, dass sich eine Katze und ein Welpe in Gestalt eines schwarzen Fellknäuels in der Küche tummeln. Letzteren vergöttern die beiden, und auch wir schmelzen dahin, als er unsere Schnürsenkel zerbeißt. So was verbindet auch ohne Worte. Zum Haus gehören übrigens auch noch zwei Kühe, Schafe sowie die Hühner.

10.50 Uhr

Das Bad ist zum Piepen. Alexej hat es uns nach dem Frühstück gezeigt, es geht von der Küche ab. Die Tür ist so niedrig, dass selbst Nina (1,65 m) den Kopf einziehen muss.

Ein Raum mit einem Ofen in der Mitte, aus dessen Hahn sehr heißes Wasser kommt. Das füllt man in eine Schüssel und mischt es mit kaltem Wasser, das in einem Kessel daneben steht. Dann gießt man sich das Produkt mit einer großen Kelle über Kopf und Körper, während man über einer Rinne steht, durch die das Wasser abfließt. Also ähnlich der Prozedur, der wir uns schon in Krasnojarsk hätten unterziehen sollen.

An den Wänden des Raumes befinden sich breite Holzbretter, zum Sitzen geeignet; angesichts der Bullenhitze, die hier herrscht, scheint es sich hier gleichzeitig um die Sauna zu handeln. Ich glaube, so eine Örtlichkeit nennt sich Banja.

Nina testet es jetzt gerade. Ich ruhe derweil im weichen Ehebett.

11.45 Uhr

Wie dankbar man wird! Fühle mich wie ein neuer Mensch, nachdem auch ich mir in diesem heißen Raum endlich Wasser über den Kopf kippen und den Trockenshampoo-Grauschleier aus dem Haar entfernen konnte. Blütenfrisch bin ich jetzt!

Als nächstes stehen Mittagessen gegen 13 Uhr und danach eine Führung durch das Dorf auf dem Programm. Was wir bis dahin machen sollen? Keine Ahnung. Es ist grau in grau und kühl. Also ab unter die Bettdecke und lesen.

14.00 Uhr

Zum Mittagessen gab`s Salat, alles wiederum aus dem eigenen Garten, sehr lecker, diesmal auch nicht mit Mayonnaise angemacht, sondern „normal“ mit Essig und Öl, danach Pelmeni, diese Ravioli in Brühe. Danach wieder Tee mit Marmelade.

Jetzt sitzen wir noch in der Küche und üben mit Tanja russische Zahlen. Wir zählen laut, und sie korrigiert die Aussprache oder sagt die nächste Zahl vor. Vielleicht kommen wir ihr so ein klein bisschen näher. Wir haben nämlich das Gefühl, ihr nicht willkommen zu sein. Gelächelt hat sie noch immer nicht, auch jetzt nicht bei unseren teils hilflosen Zählversuchen. Aber immerhin beschäftigt sie sich mit uns. Vielleicht weil Alexej weg ist, er ist nach Taischet gefahren.

Beim Essen, als er noch da war, hat Tanja immerzu die ihr gegenüber sitzende Nina verstohlen beobachtet. Ist sie eifersüchtig? Oder ist es Unsicherheit wegen der mangelnden Verständigungsmöglichkeiten? Oder ist sie einfach genervt davon, Fremde in ihrer Küche herumsitzen zu haben?

15.30 Uhr

Dorfbesichtigung. Die örtliche Englischlehrerin, eine sehr opulente Dame in enger weißer Häkeljacke und mit vielen goldenen Zähnen, führt uns herum. Gleich zu Beginn verkündete sie, dass es in dem Ort nicht wirklich viel zu sehen gebe. Nur Schotterstraßen und Holzhäuser. Drumherum Wald. Das Spektakulärste ist eine halb eingestürzte Brücke über den Fluss Birjusa, von der letztes Jahr ein Kind gestürzt und zu Tode gekommen ist.

Der Fluss ist verseucht von den Einleitungen eines Holzwerkes in der Nähe. Außerdem wird er in den nächsten Tagen über die Ufer treten und das Dorf überfluten.

„Was macht man denn dagegen? Einen Deich aufschütten? Oder Sandsäcke stapeln?“, fragt Nina.

„Nein, gar nichts“, antwortet sie gleichgültig.

Na bitte, uns soll`s egal sein, wir sind dann ja schon wieder weg.

Die meisten Häuser in Birjusa werden nur im Sommer benutzt; in den dazugehörigen Gärten baut man Gemüse an. Im Winter ist das Dorf komplett abgeschnitten, so dass man nur zu Fuß nach Taischet gelangen kann.

Insgesamt weiß die Dame nicht viel Positives zu berichten. Sie beklagt, dass es nicht möglich ist, an aktuelle englischsprachige Texte zu kommen; für sie als Englischlehrerin eine Katastrophe, sagt sie. Außerdem jammert sie fortwährend darüber, wie teuer doch alles sei und wie wenig sie verdienen würde, nämlich 4.000 Rubel (120 Euro) im Monat. Vor Perestroika sei doch alles besser gewesen, so ihre Zusammenfassung der Situation. Auf Ninas Nachfrage überlegt sie es sich allerdings spontan anders und kommt zu dem Ergebnis, dass das Leben auch vorher eine Katastrophe gewesen sei. Da habe man zwar mehr Geld besessen, aber wofür hätte man es ausgeben können? Es hätte doch schließlich nichts zu kaufen gegeben.

Als wir wieder zu Alexejs Haus zurückkamen, sagte Nina zu ihr, sie solle noch einen Moment warten, sie wolle etwas für sie holen. Freudestrahlend kam sie dann mit ihrer englischsprachigen Wirtschaftszeitschrift „Economist“ zurück und schenkte sie unserer Englischlehrerin. Aber die Dame wirkte nicht sehr beglückt. Ihr Leidensdruck hinsichtlich der mangelnden aktuellen Literatur scheint dann doch nicht so groß zu sein. Nina ärgert sich, denn sie selbst hat ihren geliebten „Economist“ noch gar nicht gelesen.

15.50 Uhr

Was machen wir jetzt bloß mit all der Zeit? Wenn nur das Wetter nicht so schlecht wäre! Höchstens 16 Grad, und es sieht sehr nach Regen aus.

Eigentlich wollten wir dem Kinderheim, für das Frau Kretschmann sich so stark engagiert, einen Besuch abstatten. Als sie 1997 mit ihrem Mann eine Rallye von Paris nach Peking organisierte und begleitete, wurden sie in der Nähe von Taischet nachts bestohlen. Die Diebe waren schnell gefunden – Kinder aus dem nahegelegenen Waisenhaus, die in erster Linie Lebensmittel entwendeten, weil die Versorgungslage in dem Heim so katastrophal war. Frau Kretschmann besuchte das Heim, war schockiert über die Zustände und setzt sich seitdem für die vier Kinderheime in Taischet und Umgebung ein. Das ist wohl der Hauptgrund, warum sie „ihre“ Touristen überhaupt in diesen Ort schickt. Die generelle Förderung des Dorfes soll letztlich den Kindern dort zugute kommen.

Als wir die Lehrerin nach dem Heim fragten, sagte sie: „Ja, gehen Sie ruhig dort hin, die Kinder freuen sich immer so über Geschenke und Geld.“

Mit dieser Auskunft allerdings hatte sich die Angelegenheit dann für uns auch schon erledigt, denn natürlich haben wir in unserem schmalen Gepäck keine fünfzig Teddybären, und Bargeld haben wir auch nur so viel, wie wir bis zum Ende der Reise ungefähr benötigen werden. Zugegeben, bei der Planung der Reisekasse hätten wir diesen Punkt berücksichtigen sollen. Haben wir aber nicht dran gedacht, und Frau Kretschmann hat uns auch nicht darauf hingewiesen; sicher will sie einem diese Angelegenheit auch nicht aufdrängen. Aber warum sonst sollten wir in dem Heim auflaufen? Mit den Kindern spielen oder uns unterhalten geht ja auch nicht ohne Russischkenntnisse. Das wäre doch sehr merkwürdig, wenn wir ohne alles dort ankämen. Soziales Engagement – im Keim erstickt.

17.15 Uhr

Haben sehr erholsamen Nachmittagsschlaf im Ehebett eingelegt. Als wir gerade aufwachten, kam Alexej rein und sagte, sie würden jetzt nach Taischet fahren, Tanjas Vater habe sich den Arm gebrochen und sei im Krankenhaus.

Wir nervösen Städterinnen wissen nichts mit uns anzufangen. Jetzt regnet es nämlich auch noch. Würde die Sonne scheinen, könnten wir noch mal durch das Dorf laufen, uns auf die umgedrehten Boote am Fluss setzen und Steine ins Wasser werfen oder in „unserer" Straße rumlungern und beobachten, wie die Gänse auf und ab marschieren oder so was in der Art. Aber so sitzen wir nur wieder in der warmen Küche rum und warten, dass die Zeit vergeht. Keine Geräusche außer den Regentropfen, die auf das Holzdach und die Veranda prasseln, und dem Surren des Kühlschranks, dazu die Katze auf dem Sofa, die sich putzt, und der kleine schwarze Hund, der wahlweise alle Sachen anknabbert oder schnaufend einschläft.

Das Haus bzw. die Häuser haben wir auch schon komplett inspiziert. In Sibirien gibt es erstaunlich viele Westprodukte, speziell im Kosmetikbereich. Schon gestern in Jenissejsk haben wir in einem Drogeriegeschäft sehr gestaunt, und selbst in diesem abgelegenen Winkel Birjusa benutzt die Dame des Hauses Wellaflex-Haarspray, Bodylotion von Nivea und Shampoo von Dove.

18.40 Uhr

Die Völkerverständigung klappt ja gerade so gut! Wir sitzen nach wie vor in der Küche, ich mit Langenscheidts Sprachführer Deutsch-Russisch, Alexej mit seinem Wörterbuch, aus dem er Deutsch gelernt hat, und tauschen uns aus.

Großen Erfolg hatte ich mit meiner russischen Version der Frage: „Haben Sie einen Platz, wo ich meine Beine ausstrecken kann?" (gedacht für die Platzreservierung im Flugzeug). Aussprache und Grammatik meiner Frage waren laut Alexej perfekt, aber dieser Ausdruck bedeutet im Russischen zugleich auch: „Haben Sie einen Platz, an dem ich sterben kann?" Darüber musste sogar Tanja richtig herzlich lachen.

Alexejs deutsche Lieblingssätze sind: „Das ist mir egal" und „Viel Spaß". Die sollen im Russischen ungefähr dreimal so lang sein.

20.45 Uhr

Haben wieder sehr lecker gegessen, Bratkartoffeln, Salat, rohen Fisch (nennt sich Rotfisch), eingelegte Gurken,

Tomaten. Alles hat Tanja allein gemacht. Mein Hilfsangebot zum Kartoffelschälen lehnte sie energisch ab. Zwischendurch, während die Bratkartoffeln schmurgelten, hetzte sie auch noch in den Stall zum Kühemelken. Alexej lümmelte derweil auf dem Sofa und amüsierte sich mit meinem Sprachführer.

Morgen wird Tanjas Vater operiert. Dafür musste Alexej heute Gips kaufen und im Krankenhaus abliefern. Auch Bettwäsche muss man hierzulande selbst mitbringen. Ebenso Tassen und Löffel. Unfassbar.

22.00 Uhr

Gerade haben wir unsere Gastgeschenke überreicht. Von mir gab es ein Päckchen mit einer Dose Tee, Seife und Schokolade, von Nina eine kleine Schmuck-Milchkanne mit Schweizer Schokolade. Nina war ganz enttäuscht, dass die beiden nicht auspackten, aber glücklicherweise hatte ich ja in „Kulturschock Russland" gelesen, dass es üblich ist, erst dann auszupacken, wenn der Gast gegangen ist, um ihn nicht in Verlegenheit zu bringen. Ich wäre dafür, diese Sitte auch bei uns einzuführen.

0.40 Uhr

Natürlich können wir nach diesem ausgiebigen Schläfchen von heute Nachmittag nicht einschlafen und erzählen uns aufgeregt wie im Landschulheim Geschichten aus unserem Leben. Hoffentlich sind wir nicht zu laut, denn die beiden schlafen direkt nebenan.

1.25 Uhr

Sibirien, nachts um halb zwei. Zwei Damen mit Grubenlampe auf dem Kopf wandeln nacheinander durch den regenfeuchten Blumen- und Gemüsegarten zum Plumpsklo.

15. August – Wanderung durch die Taiga

Freitag, der 15. August
11.15 Uhr

Bis zehn Uhr haben wir herrlich geschlafen. Kein Wunder bei dieser „reizlosen“ Umgebung.

Zum Frühstück gab es Pfannkuchen mit dicker Sahne und Marmelade. Das alles hatte Tanja uns hingestellt, weil die beiden schon ins Krankenhaus gefahren waren. Als wir mit dem Essen fertig waren, kamen sie gerade zurück. Die Operation ist gut verlaufen, erzählt Alexej.

Das Wetter sieht vielversprechend aus, die Sonne kommt gerade raus und es ist sehr warm.

12.30 Uhr

Warten. Seit einer Stunde. Zermürbend. Auf dem Programm steht eigentlich eine Taiga-Wanderung. Aber es tut sich nichts. Wir lungern die ganze Zeit aufbruchbereit auf der Veranda vor der Küche oder im Garten herum, doch niemand beachtet uns. Alexej arbeitet im Hühnerstall, Tanja werkelt wie immer in der Küche.

Zwischenzeitlich kamen mal zwei Männer vorbei, Nachbarn vielleicht, und gingen mit Alexej in die Küche. Sah irgendwie nach wichtigem Gespräch aus. Ob Alexej Bürgermeister oder so was ist?

In unseren Mußestunden haben wir uns einige Gedanken über all das hier gemacht. Dass die beiden keine Kinder haben, kommt uns beispielsweise komisch vor. Bestimmt ungewollt. Großes Unglück. Und deshalb jetzt der kleine Hund als Ersatz. Und wovon leben sie? Von der kleinen Landwirtschaft hier? Und wenn ja, was ist im Winter? Oder ziehen sie dann nach Taischet? Fragen über Fragen, die wir uns aber nicht zu stellen trauen.

Und warum ist die Stimmung heute wieder bei Null und man ignoriert uns weitestgehend? Haben wir heute Nacht zu laut geredet? Zu wenig Pfannkuchen zum Frühstück gegessen? Waren unsere Geschenke unpassend?

Geht es vielleicht nur deshalb nicht los, weil wir kein Zeichen zum Aufbruch geben? Denken sie vielleicht, wir genießen das Herumhängen hier und würden uns schon melden, wenn wir losgehen wollten? Vermuten sie, wir hätten gar kein Interesse an dem Ausflug, weil wir nicht fragen? Ach Gott, immer diese kulturellen Unsicherheiten!

13.00 Uhr

Haben allen Mut zusammengenommen und Alexej gefragt: „Wann ...äh... fahren wir denn ...so ungefähr... los?"

Knappe Antwort: „Jetzt"

14.30 Uhr

Als ich in unserem Reiseplan den Punkt „Wanderung durch die Taiga" las, sah ich uns vor meinem inneren Auge marschieren über endlose grüne Flächen, nur hier und da unterbrochen von einer Birkengruppe oder ein paar krüppeligen Sträuchern. Nun aber weiß ich: Mein inneres Auge hat mir eine Wanderung durch die *Tundra* vorgegaukelt! Taiga dagegen ist Wald, gekennzeichnet durch großen Reichtum an Beeren, Pilzen und Sumpf.

Und somit auch gekennzeichnet durch großen Reichtum an – Mücken!! Unglaublich, wie diese Biester trotz Ganzkörpereinsatzes des angeblich so hochwirksamen „Mosi-Guard“-Mückenmittels durch die langen Hosen und Ärmel zustechen.

Wir sind direkt vom Haus aus losgewandert, unsere Gastgeber schwer bepackt mit Grillutensilien, Tanja in unglaublichen Gummilatschen, drei Nummern zu groß, und zerrissenem Männerpullover. Es ging denselben Weg durch das Dorf wie gestern mit der Lehrerin und dann nach rechts in den Wald, immer am Fluss entlang.

Nach ungefähr einer halben Stunde, in der wir weitestgehend schweigend durch den Wald geschlappt waren, meinte Alexej, weiter sollten wir nicht gehen, wegen des ansteigenden Flusses würde es zu gefährlich werden. Na ja, das muss man ja glauben, auch wenn ich mir nicht vorstellen kann, dass dieses friedliche Gewässerchen sich blitzschnell in eine reißende Flut verwandeln wird.

Jedenfalls suchten wir uns einen passenden Platz zum Grillen am Flussufer, und seitdem sind die beiden sehr umtriebig. Zweige aufklauben. Ein Feuer errichten. Eine Astgabel in den Boden rammen. Einen gusseisernen Kessel daran hängen. In diesem Kessel Tee zubereiten, aus Holunder-, Johannis- und Himbeeren vom Wegesrand. Das mitgebrachte eingelegte Fleisch auf Spieße bugsieren und diese quer über das Feuer legen. Decke ausbreiten. Tassen und Teller darauf verteilen. Das Brutzeln der Spieße überwachen.

Nina und ich stehen mit den Händen in den Hosentaschen daneben und fühlen uns überflüssig. Komische

Stimmung schon wieder. Speziell Tanja macht einen völlig genervten Eindruck. Erneut die Frage: Haben wir etwas falsch gemacht? Oder haben die einfach nur keinen Bock auf diese ganze zusätzliche Arbeit? Oder ist es vielleicht die Sorge um den Schwiegervater?

15.00 Uhr

Nun ist die Stimmung komplett im Eimer. Als Tanja die Fleischspieße auf die Teller verteilen wollte, tat Nina plötzlich kund: „Ich esse kein Fleisch, ich bin Vegetarierin."

Alexej schüttelte mit verdutzter Miene den Kopf und übersetzte für seine Frau diese überraschende Aussage. Tanjas Blick war purer Hass, begleitet von bösestem Gemurmel.

Wofür ich durchaus Verständnis habe. Nina hätte sich ja wirklich schon zu Beginn der Wanderung äußern können, als die beiden sich ihre Grillutensilien auf den Rücken hievten. Oder spätestens, als Tanja das Fleisch auf die Spieße steckte.

Und unter uns gesagt, eine ganz ernsthafte Vegetarierin ist Nina ja auch gar nicht. Ich habe sie durchaus schon mit großem Vergnügen ein Rumpsteak verputzen sehen. Nur Hühnerfleisch findet sie eklig. Und das hier ist halt welches. Könnte man sich ja vielleicht aus Höflichkeit mal überwinden.

Na ja, bemühe ich mich halt, ihre Portion mitzuessen.

15.45 Uhr

Nina hat die atmosphärischen Störungen auf ihre Weise beseitigt. Zuerst schüttete sie sich eine Tasse glühendheißen Tee auf den Oberschenkel, kurz danach ließ sie sich auf einem Baumstamm nieder, um sofort schreiend wieder aufzuspringen, denn sie hatte sich mitten in einen Ameisenstaat platziert. Unsere russischen Gastgeber scheinen gedacht zu haben: „Gut, damit hat das Mädchen nun genug gebüßt für seine plötzliche Fleischverweigerung", denn sie waren durchaus mitleidig und wurden deutlich zugänglicher.

Und so erfuhren wir Folgendes: In dem Haus leben gar nicht Tanja und Alexej, sondern die Schwiegereltern (also Tanjas Eltern). Das erklärt dann auch die altmodische Einrichtung des Schlafzimmers.

Tanja und Alexej selbst wohnen in Taischet und haben einen neunjährigen Sohn (soviel zu der von uns bemitleideten Kinderlosigkeit), der zurzeit mit der Schwiegermutter am Baikalsee Ferien macht.

Ins Fettnäpfchen getreten zu sein scheine ich allerdings mit der Frage nach Alexejs Beruf. Seine Reaktion war eine Mischung aus Erstaunen und Verlegenheit, und die knappe Antwort lautete: „Fahrer". Soll das heißen, dass er nur vom Fahren und Unterbringen der Kretschmann`schen Touristen lebt?

19.30 Uhr

„Haben Sie schon mal was von Modern Talking gehört?“, frage ich beim Abendessen. Modern Talking soll ja in Russland so über alle Maßen beliebt gewesen sein, vielleicht ist ihr Ruhm ja auch bis nach Sibirien gedrungen.

„Oh“, Alexej legt mit großer Geste die Hände auf seine Brust und lächelt beseelt. „Ja, das ist mein großer Schmerz!“

Häh? Er meint wohl Herz. Jedenfalls ist er riesengroßer Fan, seit Jahren, und besitzt ganz viele Cassetten.

„Ich komme übrigens aus der gleichen Stadt wie Dieter Bohlen. Aus Oldenburg.“ Dass ich diese Tatsache jemals mit solchem Stolz würde erzählen können, hätte ich nie geahnt.

Nach dieser Verbrüderung gucken wir jetzt noch gemeinsam Fernsehen. Dort präsentiert man private Verkaufsanzeigen, und Nina und ich versuchen mit unserem rudimentären Russisch herauszubekommen, was für eine Ware jeweils verkauft werden soll. Tanja und Alexej amüsieren sich und loben uns, wenn wir richtig liegen. So findet unser Aufenthalt hier doch noch ein versöhnliches Ende.

22.11 Uhr

Im Zug Nr. 88 nach Irkutsk.

Bei der Verabschiedung am Bahnhof war Tanja deutlich anzumerken, wie erleichtert sie war, dass wir endlich weg sind. Als sie uns die Hand gab, lächelte sie zum ersten Mal aufrichtig. Na ja, zugegeben, wir sind ja auch froh wegzukommen vom Ort des Nichts-Unternehmen-Könnens.

Diesmal haben wir ein Zwei-Bett-Abteil in der 1. Klasse, der Luxus-Klasse, wie auf dem Ticket zu lesen ist. Auf den Sitzbänken liegen bläulich-goldene Samtüberwürfe, den kleinen Tisch am Fenster ziert ein Korb mit Tannen-Trockengesteck und vom Gang her ertönt russisch-traurige Musik.

Hier ist es eindeutig angenehmer als vorgestern in der 2. Klasse. Die Prowodnika ist sehr hübsch und von einem geradezu bezaubernden Naturell; sie hat unsere Betten bezogen, Tee und Kaffee angeboten und immerzu gelächelt. Auch die Mitreisenden auf dem Gang machen einen freundlicheren Eindruck.

3.00 Uhr

Hilfe, ich kann schon wieder nicht schlafen! Auch wenn hier in der ersten Klasse alles schicker ist: Das Bett ist genauso hart wie in der zweiten Klassen, und mir sind wieder Hüfte und Schulter eingeschlafen. Der Zug rüttelt und schaukelt und rumpelt. Ich muss aufs Klo, aber wir stehen an einem Bahnhof, in Tulun oder so, und bei diesen Aufenthalten sind die Toiletten immer abgeschlossen.

16. August – Irkutsk

Samstag, der 16. August
8.55 Uhr

Noch im Zug. Kurz vor Irkutsk.

Es gießt. Das ist so ungerecht. Uns erwartet doch das „Paris des Ostens“. Aber bei Regen taugt alles einfach nix. Und kalt scheint es auch zu sein, jedenfalls sind die Menschen an all den kleinen Bahnhöfen mit dicken Jacken, manche sogar mit Mützen ausgestattet.

Zumindest stellt sich für uns kaum einmal die Frage: „Was soll ich anziehen?“ Wir müssen sowieso alles aus unseren Koffern übereinanderschichten. So wie schon in Krasnojarsk: Unterhemd, Skiunterhemd, Pulli, Strickjacke, Jeansjacke. Von all diesen Sachen habe ich nur jeweils ein Exemplar dabei. Bin gespannt, wann ich anfange, ranzig zu riechen.

Von derartigen Problemen ist man in der deutschen Heimat derzeit weit entfernt. Dort verbreiten die Menschen wohl eher ein schweißiges Odeur. Denn brütende Hitze soll noch immer herrschen. Das bekomme ich gleich in mehreren SMS mitgeteilt. Zum ersten Mal seit Krasnojarsk gibt nämlich mein Handy wieder Lebenszeichen von sich.

9.50 Uhr

Unser Aufenthalt in Irkutsk beginnt rätselhaft. Am Bahnhof wurden wir in Empfang genommen von einem netten älteren Herrn namens Boris. Jedenfalls denke ich, dass man ihn so schreibt. Ausgesprochen hat er selbst seinen Namen nämlich ziemlich anders, und zwar „Baaris". Eine Verständigung mit ihm war leider nicht möglich, denn seine dem ersten Anschein nach existierenden Englischkenntnisse waren nur vorgetäuscht. Nach seinem strahlenden „Hello, I am Baaris" kam nichts mehr außer Zeichensprache.

Er brachte uns nach draußen vor das Bahnhofsgebäude, wo wir allerdings nicht in sein Auto stiegen, sondern in das eines ebenfalls älteren, aber sehr grimmigen Herrn, der uns überhaupt nicht beachtete. Er drehte sich nicht ein einziges Mal zu uns um und stellte sich uns natürlich auch nicht namentlich vor.

Boris setzte sich in seinen eigenen Wagen und fuhr hinter uns her. An einer offensichtlich zuvor vereinbarten Stelle stoppte unser Fahrer, Boris parkte seinen Wagen und stieg bei uns ein. Sinn dieser Aktion? Nicht zu erschließen. Nun fahren wir zu viert und schweigen gepflegt.

10.15 Uhr

Himmel, wo sind wir denn jetzt gelandet? Als der Fahrer in der Uliza Karla Marxa vor einem Haus anhielt, konnte ich nicht fassen, dass wir dort wohnen sollen. Ein völlig heruntergekommener grauer Plattenbau, nicht sehr hoch zwar, nur vier oder fünf Stockwerke, dafür aber unglaublich lang, das Ende des Hauses konnten wir gar nicht sehen. Der Putz abgebröckelt, Unkraut unten an der Hauswand, die Eingangstür schief in der Angel, im Treppenhaus eine komplett verrostete Blechtür, und ein Fahrstuhl, in dem man das Beten wieder lernt.

Diesmal beherbergt uns eine alleinstehende Frau. Galina. Als sie unten die Tür öffnete, dachte ich, das wäre die Hausmeisterin. Sie ist ungefähr fünfzig, aufgeschwemmt, hat sehr schlecht blondierte kurze Haare mit Restdauerwelle und trägt eine Art Kittelschürze als Kleid. Ihr Deutsch ist genauso überragend wie unser Russisch, und Englisch kann sie gar nicht, so dass unsere Kommunikation sich auf das Allernotwendigste beschränkt. Und das war bisher die Frage, wann wir frühstücken wollen. Wenn wir uns denn richtig verstanden haben sollten, wird das in einer Viertelstunde sein.

Die Wohnung ist interessanterweise sehr geräumig und Klassen besser als das Äußere des Hauses. Wir haben ein großes Zimmer mit zwei einzelnen Betten an den gegenüberliegenden Wänden. Und es gibt ein Badezimmer mit heißem Wasser aus dem Hahn und eine Badewanne. Was für ein Luxus!

11.10 Uhr

Zum Frühstück gab es ungetoastetes Toastbrot, Scheiblettenkäse, Kassler-Aufschnitt mit einem glasigen Rand, Hagebutten-Marmelade und löslichen Kaffee mit Kaffeeweißer. Ach, wie vermissen wir Tanjas herrliches Essen!

Unter großen Schwierigkeiten machte uns Galina klar, dass wir uns um 11.30 Uhr unten am Lenin-Denkmal einzufinden hätten, dort würde unsere Reiseführerin Olga auf uns warten. Dann sollten wir unserer „Gastmutter“

mitteilen, wann wir denn genau zurück sein würden. Grund: Das Haus ist unten mit einem Gitter verschlossen, und sie muss es für uns von innen aufschließen. An sich kein Problem, wir könnten ja einfach klingeln. Wenn es denn eine Klingel geben würde! Also, tut mir leid, das kann ich nicht begreifen. Welchen Grund gibt es, keine Klingel am Haus zu haben? Irgendeine Uhrzeit mussten wir ihr jedenfalls sagen, und wir haben einfach mal 17 Uhr angegeben. Aber ob das eine sinnvolle Schätzung war?

12.20 Uhr

Wir befinden uns mit Reiseführerin Olga an einer Art Haltestelle und warten mit anderen Menschen auf ein Sammeltaxi, das uns zu einer Kirche etwas außerhalb des Zentrums bringen soll. Es nieselt, ist kalt, und über unseren Jeansjacken haben wir nun auch noch Regenjacken an. Fühle mich wie eine Wurst.

Olga ist ungefähr Mitte zwanzig, blass und unscheinbar mit kurzen braunen Haaren und hat Deutsch und Englisch studiert. Sie spricht perfekt Deutsch, absolut fehlerfrei. Leider ist sie etwas schüchtern und unbeholfen. Am liebsten wäre ihr wohl, wir würden ihr sagen, was genau wir sehen wollen, sie fragte mehrfach nach unseren Wünschen; aber da wir diese Reise in kultureller Hinsicht eher unvorbereitet angetreten und somit keine Ahnung haben, was Irkutsk zu bieten hat, können wir ihr da nicht weiterhelfen.

Und so zeigte Olga uns das, was uns ihrer Meinung nach gefallen würde. Das war zunächst die Haupteinkaufsstraße, die Uliza Lenina, und anschließend eine Markthalle. Dort war es wirklich sehr bunt und für uns geradezu exotisch. Viele der Verkäuferinnen sahen sehr asiatisch aus, mit gelblichbrauner Gesichtsfarbe und schmalen Augen, und ich hielt sie für Mongolinnen, aber Olga sagte, sie würden zum Volk der Burjaten gehören. Burjatien gehörte tatsächlich einmal zur Mongolei, bis der russische Staat sich dieses Gebiet im 17. und 18. Jahrhundert einverleibte. Die Burjaten stellen nach den Russen die zweitgrößte Bevölkerungsgruppe in Sibirien dar, so erzählt Olga.

In der Markthalle gibt es jede Menge Lebensmittel, sehr viel Obst, Gemüse und Milchprodukte. Fleisch wird dort nicht in Kühltheken, sondern einfach offen auf Tischen liegend angeboten; das wirkt auf den durchschnittlichen Mitteleuropäer natürlich etwas irritierend.

Unserem ersten Eindruck nach geht es in Irkutsk rauer zu als an den bisherigen Orten. Belegen können wir dies zwar nicht, aber wir haben das Gefühl, hier ein bisschen vorsichtiger sein zu müssen.

12.45 Uhr

Hinter uns liegt die Besichtigung der Kirche der Erscheinung Mariä – Grabstätte einiger Dekabristen. Die Dekabristen waren adelige Offiziere, die sich im Dezember 1825 gegen den neuen Zaren Nikolas I. erhoben. Sie protestierten gegen das Zarenregime an sich, gegen Leibeigenschaft, Polizeiwillkür und Zensur. Der Aufstand wurde niedergeschlagen, die Anführer erhängte man und die übrigen Revolutionäre schickte man nach Sibirien in die

Verbannung. Doch statt dort am Ende der Welt nur vor sich hin zu vegetieren, sorgten die Dekabristen und ihre ihnen gefolgten Frauen für kulturellen Aufwind in Sibirien. Sie bildeten eine progressive intellektuelle Gemeinschaft, eröffneten Schulen und beeinflussten viele Lebensbereiche positiv. Bis heute genießen die Dekabristen hohes Ansehen in Sibirien. Auch Olga erzählte uns von ihnen recht leidenschaftlich. Der Ausdruck „Dekabristen" stammt übrigens vom russischen Wort „dekabr" für „Dezember" – der Monat des Aufstandes gegen den Zaren.

Während wir Olga zuhörten, konnten wir gleichzeitig in der Kirche eine sehr alte Frau beobachten, die offensichtlich derart gläubig war, dass sie sich nicht abhielten ließ, unter der Altar-Absperrung durchzukrabbeln, sich dort zu Boden zu werfen, diesen mehrfach zu küssen, dann alle Heiligenbilder abzuknutschen und anschließend auch noch ihre Stirn dagegen zu drücken. Also, wenn das jeder machen würde!

13.10 Uhr

Wir stehen gerade beim Denkmal für die Gefallenen des Zweiten Weltkriegs mit einem Ewigen Feuer und beobachten eine Hochzeitsgesellschaft, die sich hier zum Fototermin aufgebaut hat. Was für ein seltsamer Ort für einen solchen Anlass! Im Gegensatz zu uns scheinen diese Leute sich weder an der Kälte noch an der Nässe großartig zu stören. Sie sind gekleidet, als wäre ein schöner Frühsommertag, und alle haben beste Laune. Wir dagegen lugen reichlich missmutig aus den Tiefen unserer Regenjacken hervor.

Irkutsk – die schönste Stadt Sibiriens, so schreibt Frau Kretschmann. Vielleicht hat sie recht. Aber wir nehmen kaum etwas wahr davon mit unserer eingeschränkten Kapuzensicht.

13.30 Uhr

Als wir gerade eine breite Straße überquerten, fuhr vor uns ein Wagen vorbei, dessen Fahrer winkte. Olga wurde ganz fahrig.

„Kennen Sie den?“, fragte Nina neugierig.

Olga wurde feuerrot. „Ja, er hat mir zusammen studiert, war in meinem Semester.“

Ach so, wie langweilig.

„Und ich schwärme so sehr für ihn, schon ganz lange. Aber ich habe keine Chance bei ihm“, setzte sie plötzlich mit unerwarteter Heftigkeit hinzu.

Dieses vertrauliche Geständnis erwiderten wir natürlich umgehend mit dem international anerkannten Wer-kennt-das-nicht-Lächeln und einem „Ach, man weiß doch nie...“

13.40 Uhr

Im Hotel Baikal in der Eingangshalle.

Es ist sehr erstaunlich, welchen Schwierigkeiten man in diesem Land begegnen kann. Wir wollten nur mal eben Geld wechseln. Aber die ersten drei Wechselstuben, zu denen Olga uns führte, waren geschlossen. Die vierte war zwar geöffnet, doch dort wollte man nur Dollar, keine Euro annehmen. Auf unsere Frage, wie es denn mit dem

Tausch von Dollar-Travellerschecks aussehe, wurde geantwortet: „Nicht am Wochenende.“ Aha.

Hier im Hotel Baikal, laut Olga der letzten Möglichkeit zum Wechseln, war man dagegen immerhin bereit, unsere Euro-Scheine gegen Rubel einzutauschen. Unsere wunderbaren Travellerschecks dagegen wollte man auch hier partout nicht haben. Vermutlich werden wir diese Dinger bis zum Ende der Reise uneingelöst mit uns herumschleppen – wenn wir sie schon in dieser Großstadt mit weit über 500.000 Einwohnern nicht loswerden, dann wohl erst recht nicht in den abseitigen Orten, an die wir noch kommen. Aber unser Bargeld wird schon reichen, allzuviel Gelegenheit zum Verprassen bietet dieses Land ja nicht gerade.

15.30 Uhr

Mit Olga in einem Fastfood-Restaurant. Eigentlich wäre ihre Führung nach drei Stunden um 14.30 Uhr zu Ende gewesen, aber wir haben sie noch zum Essen eingeladen – und so sind wir hier gelandet. Nicht, dass wir so geizig wären, dass es nur für eine Fastfood-Einladung reicht, aber das von ihr vorgeschlagene Restaurant „Dschungelbuch“ wurde direkt vor unserer Nase zugemacht, und so schlug sie selbst diese Pizzabude hier vor – in der es aber auch tatsächlich erstaunlich gut schmeckt. Außer üppig belegter Pizza hatten wir noch einen Möhrensalat mit einem nicht wie sonst süßen, sondern ausgesprochen scharfen Dressing. Interessant.

18.20 Uhr

Zurück in Galinas Wohnung. Wir sitzen auf unseren Betten. Nina hat gerade geduscht und föhnt sich jetzt die Haare. Draußen gießt es.

Nachdem wir uns von Olga verabschiedet hatten, liefen wir auf eigene Faust noch ein wenig in der Stadt herum – sogar mit einem bestimmten Ziel: Ich wollte endlich nicht länger frieren müssen und mir einen herrlich kuscheligen Pullover kaufen. Wenn es so etwas nicht im eisigen Sibirien gibt – wo denn dann, bitteschön? Also gingen wir in eine Boutique. Tja, was soll ich sagen? Es ist nun einmal August und damit Hochsommer, egal was die realen Außentemperaturen so treiben. Es gab nur einen einzigen Pulli, der überhaupt ein wenig Wärme versprach. Dass er nicht unbedingt schön war in seinem seltsamen Gelbgrün störte mich noch nicht einmal. Aber entweder hatte man ihn bewusst für Frauen mit anderen als meinen Körpermaßen konzipiert oder er war schlichtweg vollkommen verschnitten – er schnitt mir in die Achseln und würgte mich am Hals, waberte dafür aber im Bauchbereich wie ein Schwangerschaftsmodell um mich herum. Kurz gesagt: Ich nahm ihn nicht. In dem – sehr kleinen – Geschäft waren übrigens außer uns nur zwei andere Kunden, dafür aber fünf Verkäuferinnen. Alle in quietschgelben T-Shirts.

Anschließend begaben wir uns in einen Supermarkt, um Kekse und Wasser zu kaufen. Dort gab es fast ausschließlich Westprodukte: Danone-Joghurt, Taco-Chips, Maggi-Tütensuppe. Außer uns waren nur noch drei andere Kunden dort, dafür aber zehn Verkäufer, die bewegungslos in den Gängen herumstanden. Und alle drei Kassen waren besetzt.

19.50 Uhr

Auch ich bin jetzt frisch geduscht und geföhnt. Dass diese vermeintliche Selbstverständlichkeit sich zu solch einem existenziellen Thema entwickeln kann...

Wir hocken auf unseren Betten. Galina sitzt nebenan in der Küche vor einem kleinen Fernseher mit verschwommenem Bild. Ab und zu lacht sie laut. Warum sie wohl Touristen aufnimmt? Nur wegen des Geldes? Oder hofft sie auf Kontakt? Ist auch sie so enttäuscht wie wir, dass ein „kultureller Austausch“ mit uns so gar nicht möglich ist?

Vielleicht ist sie ja auch gar nicht alleinstehend, sondern hat schlichtweg die Familie so lange ausquartiert, wie wir da sind. Bei Tanja und Alexej haben wir uns mit unseren Theorien ja auch gründlich vertan.

Interessant ist übrigens die hiesige Bettwäsche. Bei uns schiebt man das Inlett bekanntlich durch eine Öffnung am Ende des Bettbezuges. Hier dagegen befindet sich mitten auf dem Bezug eine viereckige Öffnung, durch die das Inlett hineingestopft wird. Ist das praktisch?

Morgen geht es zum Baikalsee. Hoffentlich, hoffentlich regnet es da nicht auch, wir müssen dort vier Tage aushalten!

17. August – Auf zum Baikalsee

Sonntag, 17. August

8.30 Uhr

Wir hocken auf der Rückbank in einem ehemaligen Militär-Bulli. Unser Fahrer heißt Gregori, ist ungefähr Mitte dreißig, groß und dünn, trägt einen rötlichen Schnurrbart und eine „Russen"-Mütze, ist freundlich-interessiert und spricht perfekt Deutsch. Gregori ist Englischlehrer und stellvertretender Schuldirektor auf der Insel Olchon, unserem nächsten Reiseziel.

„Haben Sie eine gute Zeit verbracht in Ihrer Unterkunft?", fragt er über seine Schulter nach hinten.

„Ja, endlich konnten wir mal richtig duschen, das war vorher etwas schwierig. Und die Wohnung war auch so schön groß. Wir haben uns allerdings etwas gewundert, dass dort nur eine Person wohnt."

„Sie müssen wissen, das ist ein ganz besonderes Haus, in dem Sie gewohnt haben. Dort haben nur ganz bestimmte Leute eine Wohnung bekommen. Nämlich die obersten Parteibosse. Und ihre Gastgeberin Galina ist die Witwe von einem solchen."

Hui, wer hätte das gedacht!

11.15 Uhr

An einer Tankstelle irgendwo im Nirgendwo. Zwei Zapfsäulen mit einem kleinen Wellblechdach darüber, ein Häuschen mit Fenster, durch das man sein Geld reicht, eine Baracke mit der Aufschrift „Reifenmontage“. Sonst nichts. Wir sind die einzigen Kunden.

Während der nahezu ungefederte Bulli die Kartoffeln unter unseren Sitzen zum Rumpeln bringt, verbringen wir die Fahrt zum Baikalsee weitestgehend schweigend. Der Himmel hängt tief, aber es regnet nicht mehr. Auf der laut Gregori *noch* asphaltierten Landstraße geht es immer geradeaus. Das Land ist weit, sanft hügelig und weitestgehend baumlos. Wir fühlen uns wohl.

14.10 Uhr

Die Fahrt dient nicht nur dazu, uns zwei Touristinnen von A nach B zu verfrachten. Gleichzeitig handelt es sich um einen Lebensmitteltransport. Nikita, bei dem wir wohnen werden, braucht Nachschub. Neben den Unmengen von Kartoffeln im Wageninneren ist der Bulli hinten vollgestopft mit Kohlköpfen und Salat. Und gerade haben wir angehalten, um am Straßenrand eimerweise Blaubeeren zu kaufen, die Gregori in eine große Plastiktonne schüttet. Verkäufer dieser Beeren sind eine runzelige Frau mit Kopftuch und sechs Jungs, Burjaten, wie Gregori sagte. Sie sitzen auf Steinen nebeneinander aufgereiht am Straßenrand. Außer den Beeren haben sie noch Pilze im Angebot. Gerade haben wir sie fotografiert, weil es einfach ein unschlagbares Motiv war, hatten dabei aber einige Skrupel. Nicht zum ersten Mal haben wir uns gefragt, ob wir für so etwas Geld anbieten müssten. Die ausdruckslosen Mienen der Menschen beim Fotografiertwerden geben uns keinen Verhaltensratschlag.

15.00 Uhr

Gregori hat nicht übertrieben, als er uns schon früh darauf hinwies, dass der Straßenzustand sich im Laufe der Fahrt verschlechtern würde. Auf den letzten hundert Kilometern sind wir richtig durchgeschüttelt worden. Die Straße war nur noch eine Schotterpiste. Unglaublich, durch was für Löcher und über was für Steine man mit so einem Bulli brettern kann, ohne dass es ihm etwas auszumachen scheint.

Landschaftlich hat sich die Strecke auch sehr verändert, es ist jetzt viel hügeliger und bewaldeter.

15.20 Uhr

Das ist jetzt also der Baikalsee. Der tiefste und älteste Süßwassersee der Welt. Und von Sagen umwoben.

Von magischer Atmosphäre spüren wir bisher allerdings nichts. Wir stehen am Fähranleger und beobachten, wie ein paar Autos die gerade von der Insel Olchon angekommene kleine Fähre verlassen – und zwar im Rückwärtsgang! Das wäre in Deutschland ja wohl undenkbar. Bei uns traut man den Menschen solch ein fahrerisches Können nicht zu. Vorwärts rauf, vorwärts runter, lautet die teutonische Devise.

Im Reiseführer prophezeit waren stundenlanges, eventuell sogar vergebliches Warten auf die Fähre, lange Autoschlangen sowie Kämpfe zwischen Einheimischen und Fremden, weil die Einheimischen bevorzugt werden. Tatsächlich aber warten wir erst seit fünf Minuten, und außer uns stehen hier nur vier andere Autos. Wir werden also gleich starten können.

15.50 Uhr

Nach höchstens einer Viertelstunde Überfahrt sind wir auf Olchon angelangt. Hier steht tatsächlich eine lange Schlange wartender Autos. Alle wollen die Insel verlassen. Ob Ferienende ist? Oder ob die Russen übers Wochenende nach Olchon fahren, so wie unsereins nach Norderney?

Nun müssen wir noch eine gute Stunde fahren, bis wir unsere Unterkunft in dem Ort Chuchir erreicht haben.

Asphaltierte Straßen gibt es hier gar nicht. Nur Sandwege, zurzeit besser als Schlammwege zu bezeichnen.

16.10 Uhr

Gerade musste ich mich als Automechaniker betätigen. Gregori hat irgendetwas an der Achse verstellt, um den doch sehr steilen Weg besser bewältigen zu können. Dabei haben sich die Zähne verkantet. Er steckte einen Imbusschlüssel in die Achse, und den musste ich dann auf seine Anweisung hin abwechselnd gut festhalten oder kräftig daran ruckeln, während er mit dem Bulli immer vorwärts und rückwärts fuhr. Wird ja hoffentlich erfolgreich gewesen sein, die Aktion. Mit dem Wagen liegen bleiben sollten wir in dieser Einöde hier nicht unbedingt.

16.45 Uhr

Wir sind da. Schockschwerenot! Was bitte soll denn das hier sein? Wir stehen mit unseren Köfferchen bis zu den Knöcheln im Schlamm, zwischen lauter Blockhütten. Um uns herum wimmeln junge und ganz junge Leute, alle verdreckt, und niemand beachtet uns. Hier können wir doch unmöglich richtig sein!

16.55 Uhr

Doch, das können wir! Mit noch fassungslosen Gesichtern sitzen wir in unserer Hütte. Ein Mädchen mit Zahnspange und dem Namen Julia hat sich unser erbarmt und uns hierher geschickt.

Gut. Dass wir nicht die einzigen Gäste sein würden, konnten wir uns schon denken. Aber Frau Kretschmann schrieb in unserer Reisebeschreibung immer so intim von Nikita, dem ehemaligen Tischtennismeister, bei dem wir auch reiten und Rad fahren und in die Sauna gehen könnten, dass wir uns vorgestellt hatten, besagter Nikita hätte in seinem Garten drei oder vier kleine Häuschen aufgestellt und würde uns ansonsten herzlichen Familienanschluss bieten. Und nun kommen wir hier an und hocken in einem *Ferienlager*!

Unser Zimmer: Zwei schmale Betten rechts und links an den Wänden, die aus übereinander gezimmerten Baumstämmen bestehen. Am Fenster ein Tisch, davor ein Stuhl. Schluss.

Nebenan ist ein weiteres Zimmer, genauso eingerichtet und offensichtlich auch bewohnt; nach den herumliegenden Sachen zu urteilen haben wir zwei Frauen als Nachbarn.

Eine Heizung gibt es nicht, stattdessen ein Ofenloch im gemeinsamen Vorraum. Das heißt wohl, wir werden ein Feuer machen müssen, wenn wir nicht frieren wollen.

In diesem Vorraum ist auch ein „Waschbecken mit fließend Wasser“ installiert. Der „Wasserhahn“ ist ein mit Wasser gefüllter Eimer, der an der Wand hängt. Dieser Eimer hat ein Loch im Boden, in dem ein Metallstift steckt. Drückt man diesen hoch, fließt das Wasser unten aus dem Eimer raus und pladdert in ein Metallbecken. Von hier aus fließt es direkt weiter abwärts in einen zweiten Eimer unter dem Becken. Natürlich ist der obere Eimer ständig leer. Dementsprechend oft muss man ihn neu befüllen. Mit einer großen Kelle schöpft man Wasser aus einem dritten Eimer, der rechts neben dem Becken auf einem Stuhl steht. Ist dann schließlich auch dieser Eimer leer, steht ein kleiner Marsch auf dem Programm: In einem Schuppen ein paar Blockhäuser von uns entfernt stehen große Fässer mit Wasser aus dem Baikalsee. Dort füllt man seinen mitgebrachten Eimer dann auf. Sehr viel einfacher dagegen gestaltet sich die Entsorgung des benutzten Wassers: Man kippt es einfach vor seiner Hütte aus.

Von diesem Vorraum geht übrigens noch ein weiterer kleiner Raum ab. Darin steht eine Chemietoilette. Und es riecht dort einfach erbärmlich.

Die Alternative: Eine öffentliche Toilette, vorgesehen zur Benutzung durch alle Lagerbewohner. Ein Hockplumpsklo, ungefähr hundert Meter von unserer Hütte entfernt. In einer neuen Variante diesmal: Es handelt sich um ein Reihen-Plumpsklo. Gleich drei Kabinen befinden sich nebeneinander über einer gemeinsamen Grube. In den Kabinen selbst ist es stockfinster, in die Grube dagegen fällt von hinten Licht ein. So kann der interessierte

Toilettengast beim Blick durch das Loch im Kabinenboden feststellen, dass sich unter ihm ein breiter Querbalken befindet, auf dem allerlei menschliche Stoffwechselendprodukte hängen geblieben sind. So ekelhaft!

17.20 Uhr

Wir sitzen im „Restaurant". Wiederum, wie sollte es anders sein, handelt es sich hierbei um eine Blockhütte, mit Holzbänken und drei langen Tischen, auf denen Plastiktischdecken mit Sonnenblumendekor liegen. Ein sehr junger Mann hat uns sehr fettige Krapfen serviert, den Tee nahmen wir uns selbst aus Thermoskannen. Dann sollten wir dem jungen Mann sagen (auf Englisch), wann wir zu Abend essen wollen, und wurden in eine Liste eingetragen, auf der schon unendlich viele Namen standen. Dass wir uns zeitlich so festlegen müssen, passt uns überhaupt nicht.

Vor dem Krapfenessen haben wir noch kurz das „Lager" erkundet. Gleich hinter unserer Hütte befindet sich eine Feuerstelle. Sieht verdammt nach allabendlichem Lagerfeuer aus und lässt uns nächtliches Gitarrengeklampfe befürchten. Dann gibt es einen riesengroßen Spielplatz, mit Klettergerüsten aller Art, alles aus Holz natürlich. Im Übrigen scheint das Ganze hier noch im Aufbau zu sein, viele der jungen Leute laufen mit Werkzeug herum und sägen, hämmern und feilen an diversen gerade entstehenden Hütten herum.

18.15 Uhr

Wir haben das „Lager“ verlassen und sind zum Schamanenfelsen gegangen, der in einer Bucht gleich hier in der Nähe liegt. Eines der größten Heiligtümer der Burjaten, umrankt von zahlreichen Mythen, heißt es im Reiseführer. Diese Mythen kennen wir nicht, müssen wir aber auch nicht, um zu merken, dass dies wirklich ein zauberhafter Ort ist. Ein guter Platz, um sich vom Schock der Unterbringung zu erholen.

18.45 Uhr

Wir sind weitergegangen und an einen langen weißen Sandstrand gelangt. Ein paar kleine Motorboote liegen im Sand, und wenn es nicht so regnerisch und das Wasser nicht so eiseskalt wäre, könnte man sich glatt an der Riviera wähnen. Nur dass man dort sicherlich nicht so allein auf weiter Flur wäre wie wir beide jetzt gerade.

19.40 Uhr

Jetzt sitzen wir draußen auf der Terrasse vor dem „Restaurant“ und trinken nach dem Essen (es gab Reis mit Gulaschfleisch, Fisch und zuletzt Obstsalat, hergestellt aus „unseren“ Blaubeeren) schon die dritte Tasse Tee, um noch nicht aufstehen zu müssen. Zugegebenermaßen ist es ja doch sehr spannend, was sich hier so tut. Lauter Deutsche. Die natürlich wieder so tun, als wären sie keine. Obwohl man es ihnen doch so sehr ansieht. Trotzdem haben wir ein freundliches, bebrilltes Ehepaar namens Erika und Harald kennen gelernt. Die beiden machen hier mit ihren drei Kindern Urlaub, zwei Wochen lang. Seit fünf Jahren leben sie in Krasnojarsk, davor zwei Jahre in der Ukraine. Es ist die klassische Situation: Er wird von seinem Unternehmen durch die Weltgeschichte geschickt, und die Familie folgt brav und versucht, das Beste draus zu machen. Erika wirkt allerdings etwas aufgesetzt fröhlich, als sie erzählt, dass es für sie und die Kinder zwar nicht immer ganz einfach sei, sie aber dafür doch mit so vielen neuen Erfahrungen und dem Kennenlernen anderer Kulturen belohnt würden. Obwohl mich gerade Erikas Schwierigkeiten im russischen Alltag interessieren würden, frage ich nicht weiter nach. Ich glaube, das würde sie in Verlegenheit bringen. Jetzt ist Urlaub, und da soll endlich einmal alles nur schön sein – diesen Eindruck vermittelt sie zumindest.

Das übrige Publikum hier um uns herum ist altersmäßig recht gemischt, entgegen unserem ersten Eindruck sind wir beileibe nicht die ältesten.

Was mir am besten gefällt: Wie Menschen aller Nationen und Altersklassen mit den denkbar schmutzigsten Schuhen und Hosen unverdrossen durch den Schlamm stapfen.

20.15 Uhr

Wir unternehmen gerade einen kleinen Spaziergang durch den Ort. Wobei das entspannter klingt als es ist. Um nicht völlig im Schlamm oder gar in den tiefen Pfützen zu versinken, müssen wir uns nämlich am Straßenrand an den Gartenzäunen entlanghangeln.

„Mist, verdammter!“, ruft Nina, als sie abrutscht und mit dem rechten Schuh im Matsch landet.

„Oh, auch aus Deutschland, die Damen?“ In einer Toreinfahrt steht ein dunkelhaariger Hüne, Mitte zwanzig, und grinst.

„Sagt mal, wisst ihr hier ´ne billige Unterkunft? Wir sind zu sechst. Meine Kumpels sind gerade da drin“, er zeigt auf das Haus hinter sich, „und fragen nach Zimmern, aber ich hab nicht viel Hoffnung. Das ist jetzt schon die sechste oder siebte Adresse, wo wir es versuchen. Angeblich ist nirgends was frei.“

Wir erzählen von unserem „Lager“, können aber nicht sagen, was es kostet, wir haben ja einen Gesamtpreis für unsere Reise gezahlt.

„Tja, das müsste ich schon genau wissen, wir haben nämlich praktisch kein Geld mehr.“

Seit fast drei Wochen seien er – Daniel aus Nordrhein-Westfalen – und seine Freunde, ein Deutscher und vier Polen, schon unterwegs. Auf ihrer Reise durch Russland waren sie zuerst in den Bergen, anschließend beim Rafting und danach zwei Nächte in Irkutsk im Plattenbau bei irgendeinem „Onkel Sergej“, der literweise Wodka ausschenkte.

„Echt, ich kann keinen Wodka mehr sehen. Vor allem nicht seit heute Morgen, da war das ganze Bad vollgekotzt. Mann, war Onkel Sergej stinkig!“

Mit einem „Man sieht sich“ verabschieden wir uns und klettern weiter an den Zäunen entlang. Dabei sinnieren wir darüber, warum wir beide nun schon seit zehn Tagen unterwegs sind und im Gegensatz zu den sechs Saufkumpanen noch nirgendwo auch nur einen Tropfen Wodka angeboten bekommen haben. Bei Tanja und Alexej hätte so ein kleines völkerverständigendes Besäufnis doch vielleicht Wunder wirken können. Wie dem auch sei, wir beschließen: Das nehmen wir jetzt selbst in die Hand!

20.30 Uhr

Wir stehen in einem kleinen Laden. Ein fensterloses Gebäude mit einem Tresen, dahinter eine aufgedunsene Verkäuferin, in ihrem Rücken Regale. Vom Warensortiment her ist es hier, sagen wir mal, übersichtlich. Aber es gibt sechs oder sieben verschiedene Wodkasorten.

Nina hat irgendwann mal polnischen Honigwodka getrunken, den sie ausgesprochen köstlich fand. Ob man hier so was auch bekommt? Ich habe mein kleines Wörterbuch dabei und schlage schnell nach. Honig heißt auf Russisch mjod.

„U was jest...wodka mjod?", versuche ich. So ungefähr könnte das doch heißen. Doch die Dame schüttelt nur mürrisch den Kopf. Jetzt wissen wir natürlich nicht, ob sie mich nicht verstanden hat oder ob es keinen Honigwodka gibt.

„Wodka polski?" Nina gibt noch nicht auf.

Die Verkäuferin starrt uns nur ausdruckslos an. Na gut, dann zeigen wir eben auf irgendeine Flasche und nehmen die mit.

20.50 Uhr

Der Wodka schmeckt fürchterlich. Ganz kratzig. Das glatte Gegenteil von honigsamt.

21.15 Uhr

Es wird langsam dunkel in unserer Hütte, und so wollten wir gerade das Licht anschalten. Aber nichts passierte. Ein Blick in das übrige Lager zeigt: auch nichts. Alles dunkel. Es gibt keinen Strom!

Na dann: Gute Nacht, Nina – Gute Nacht, Toni.

21.35 Uhr

Juhu, wir haben Licht! Gerade wurde mit großer Geräuschkulisse ein Stromgenerator angeworfen. Nun müssen wir doch noch nicht mit den Hühnern schlafen gehen. Wie man lernt, sich über Kleinigkeiten zu freuen!

Im Vorraum ist es allerdings weiterhin dunkel. Habe mir deshalb mit der Grubenlampe um den Kopf die Zähne geputzt.

22.45 Uhr

Unsere Nachbarinnen sind Russinnen. Englisch sprechend. Nina hatte bereits ersten Kontakt. Sie kehrte gerade vom Plumpsklo zurück, als sie eine der beiden Damen in einer hilflosen Lage vorfand. Sie – eine Englischlehrerin übrigens – hatte versucht, sich im Dunkeln in dem sogenannten Waschbecken im Vorraum die Haare zu waschen, aber nicht bedacht, dass der Eimer unter dem Becken nur eine begrenzte Aufnahmekapazität besitzt. Kurz gesagt: Sie hatte eine Überschwemmung angerichtet. Da das Wasser in dem Eimer aber so sehr schäumte, traute sie sich nicht, es einfach irgendwo auszukippen, und wusste sich keinen Rat. Nina nahm sich der Sache an, und nach kurzer Rücksprache mit Irina, der asiatisch aussehenden Chef-Angestellten, landete die schäumende Suppe kurzerhand vor der Hütte.

Irgendwie passen unsere Hausgenossinnen nicht so recht hierher. Wir sind ja wenigstens ähnlich schmutzig wie die meisten hier, aber diese beiden sind irgendwie so gebügelt und gestärkt, tragen Blusen und Brillen, akkurate Haarschnitte und reisen mit ganz großen Koffern. Sie sind zwar beide noch recht jung, haben aber so was Ältliches an sich. Was die wohl hierher verschlagen hat?

23.15 Uhr

Hilfe, ohne Vorwarnung ist gerade das Licht ausgegangen. Gott sei Dank war die Grubenlampe in Griffweite.

18. August – Auf Olchon

Montag, der 18. August

10.30 Uhr

Wohlaufgemerkt, nun also: Wir machen einen Ausflug! Ein Angebot des Hauses.

Eigentlich sollte es schon vor einer halben Stunde losgehen, aber bislang tut sich wenig bis gar nichts. Immerhin warten wir nicht allein hier im Schlamm vor dem Lager, sondern haben schon Anschluss an drei andere Deutsche gefunden, Bruder und Schwester nebst gemeinsamem Freund, allesamt aus München.

Wenn es denn tatsächlich noch zu dem geplanten Ausflug kommen sollte, werden wir uns sechs Stunden lang mit Bus und Boot gen Inselnorden bewegen.

11.10 Uhr

Wieder werden wir in einem alten Militärbus durch die Gegend geschaukelt. Außer uns fünf Deutschen sind noch zwei unscheinbare Engländerinnen und ein in sich gekehrter Kanadier mit von der Partie. Vorn neben dem Fahrer, einem kleinen älteren Mann, quetschen sich zwei junge russische Mädchen auf den Beifahrersitz; sie scheinen zum Lager zu gehören, würdigen uns hier hinten jedenfalls keines Blickes und interessieren sich auch nicht für die Aussicht.

11.40 Uhr

Der Fahrer ist gleichzeitig unser Reiseführer. Leider spricht er nur sehr gebrochen Englisch, so dass seine Erklärungen auf allgemeines Unverständnis stoßen. Im Moment stehen wir alle um vier Pfähle herum, die von bunten Stofffetzen umwickelt sind. Der Fahrer will erklären und redet sich um Kopf und Kragen, irgendetwas soll Pferde symbolisieren, und Himmel, Erde und Unterwelt, und immer wieder fällt das Wort „Sergej". Die Gruppe mutmaßt gerade, dass er uns sagen will, dass man das Zaumzeug eines Pferdes so nennt. Ich habe leise Zweifel an dieser Auslegung, aber was soll`s. Sollen die sich ihre Gedanken machen, mir reicht zu wissen, dass diese Pfähle heilige Plätze markieren und dass man gemäß burjatischem Brauch zu Ehren der Geister hier etwas niederlegen oder anbinden muss; das alles hat uns gestern nämlich schon Gregori erklärt. Deshalb befinden sich auch die aberwitzigsten Dinge an den Pfählen und auf dem Boden drumherum: Zigaretten, Feuerzeuge, Münzen, Kofferanhänger, Erdnusspackungen, Flaschen, Haargummis, Armbanduhren, Sonnenbrillen. Und eben Hunderte von bunten Stofffetzen.

12.00 Uhr

Dort, wo wir nun stehen, befand sich einmal ein Arbeitslager, ein Gulag. Jetzt ist hier nur noch Schutt und Asche zu sehen. Rundherum ist nichts. Nur ein kleiner Anlegesteg, der ins Nichts zu führen scheint, weil über dem Baikalsee inzwischen so schwere Nebelschwaden hängen, dass man das Ende des Steges nicht mehr sehen kann. Eine unwirkliche Atmosphäre. Ein bisschen gruselig.

13.05 Uhr

Wir haben aber auch immer ein Pech! Jetzt sind wir am Kap Mys Choboy, dem nördlichsten Punkt der Insel, der eine dramatische Steilküste aufzuweisen hat und von wo aus man das Ostufer des Baikalsees erkennen kann, der hier mit fast achtzig Kilometern seine breiteste Stelle hat.

Das alles aber weiß ich nur aus meinem Reiseführer, denn es ist so nebelig, dass man kaum die Hand vor Augen sieht. Mann!

Unser Fahrer erzählt gerade von einer Legende, die von einem jungen Mädchen, Geschenken und der Verwandlung in Felsen handelt. Konkreteres ist auch auf hartnäckiges Nachfragen der Engländerinnen nicht zu erfahren.

15.25 Uhr

Eigentlich sollten wir ja mit dem Boot zurückfahren, aber wegen des Nebels ist das zu gefährlich. Und auch witzlos, man sieht ja sowieso nichts. Deshalb sind wir in eine Bucht gefahren, wo gleich ein Picknick stattfinden wird. Nina und ich sitzen mit Bernhard und Carola (den Geschwistern) und Philipp (dem Freund der Geschwister) auf einem Felsen am Wasser. Auf der anderen Seite der Bucht, auf einer kleinen Anhöhe, stehen fünf Häuser. Ob da ernsthaft jemand wohnt? Kaum vorstellbar, denn rundherum ist hier einfach nichts.

Gleich gibt es Fischsuppe. Unser Fahrer hat ein Feuer errichtet, darauf steht ein riesiger Blecheimer, darin kochen in blubberndem Wasser Omuls. Das sind Fische, die es nur hier im Baikalsee gibt.

Interessanterweise ist zwischenzeitlich noch ein Jeep dazu gestoßen, dessen Insassen jetzt auch hier hocken. Keine Ahnung, in welchem Zusammenhang die zu uns stehen. Der Fahrer, ein kahlköpfiger, braungebrannter, hagerer Mann, hilft schweigend beim Feuer, eine alte Frau und zwei Jugendliche, Junge und Mädchen, sitzen mit unbeteiligten Gesichtern auf einer Decke.

Die beiden Mädchen aus unserem Jeep sind offensichtlich eigens zum Picknickmachen – das wohl eigentlich auf dem Boot hätte stattfinden sollen – mitgefahren. Jedenfalls kümmern sie sich gerade um Brot und Salat. Wir Touris dagegen stehen mal wieder untätig herum. Aber man scheint auch nichts anderes von uns zu erwarten.

16.05 Uhr

Es geht los! Gerade wurden Blechschüsseln auf den Tisch gestellt, und im Moment wird aus dem großen Blecheimer eingefüllt.

„Nee, das ist ja wohl nicht wahr... Das kann ich nicht essen!“, stöhnt Nina, und die Engländerin zu ihrer Rechten schüttelt sich.

Die Fische liegen nämlich in kompletter Form in unseren Schüsseln: Schwanz, Kopf mit Augen, Flossen, alles da, in einer fettigen Brühe, mit ein paar Kartoffelstückchen. Soll man jetzt schon loslöffeln? Oder passiert noch mehr? Mal gucken, was die „Gastgeber“ so treiben, nach denen kann man sich dann ja richten... Aha! Man füllt noch Mais, Erbsen und Tomaten- bzw. Gemüsepaste dazu, die in großen Gläsern auf dem Tisch stehen. Fertig ist die Fischsuppe Sibiriénne. Mal probieren... Ja, also... was sage ich denn jetzt mal Positives? Schön heiß, die Suppe! Kann man gut vertragen bei diesem nebligen Wetter! So, positiver geht es nicht. Auch Nina und die Engländerin nippen mit bemüht wohlwollendem Lächeln. Als aufgeschlossener Kulturreisender muss man sich eben auch mal überwinden!

16.25 Uhr

Nina ist während des Essens mit unseren englischsprachigen Mitreisenden ins Gespräch gekommen. Sie freut sich immer, wenn sie mal wieder mit jemandem „richtig“ Englisch sprechen kann. Nina hat vor ihrem jetzigen Job in der Schweiz sieben Jahren in London gearbeitet und davor auch schon in England studiert. Ihre Sitznachbarin – ich nenne sie wegen ihrer langen, schon ergrauenden Haare im Stillen Erika Pluhar – ist Journalistin und schreibt über die Schamanenkonferenz, die hier bis gestern stattgefunden hat. Das erklärt übrigens die Autoschlange, die wir bei unserer Ankunft auf Olchon sahen: Schamanen bei der Abreise.

Mit diesen Schamanen hat es folgendes auf sich (laut Angaben der Engländerin): Sie sind Vermittler zwischen den Menschen und dem Jenseits. Ihre wichtigste Aufgabe ist das Heilen von Kranken. Der Schamane versetzt sich irgendwie in Trance (dabei spielen Trommeln eine Rolle), dann verlässt sein Geist seinen Körper und reist dorthin, wo die Seele des Erkrankten, die ebenfalls körperlos herumirrt, sich befindet. Von diesem Ort holt der Schamane die Seele zurück, damit sie sich wieder mit dem zugehörigen Menschen verbinden kann. So ungefähr.

Schamane wird man nicht, weil man es will, sondern weil man dazu berufen wird. Man bekommt zunächst eine sonderbare Krankheit, mit krampfartigen Anfällen und hohem Fieber, wird daraufhin von einem Schamanen als seinesgleichen erkannt und muss sich dann entscheiden: Entweder man nimmt seine neue Rolle an und entschließt sich zu einem Leben als Schamane, oder man stirbt.

Ich bin ganz froh, dass diese Herrschaften wieder weg sind. Das alles ist ja nicht ganz geheuer.

Die andere Engländerin, Freundin von Erika Pluhar, blass, mit Brille und flottem Herrenkurzhaarschnitt, ist übrigens Reiki-Meisterin.

Der leicht bäuerlich wirkende Kanadier ist schon seit Juni in Russland unterwegs, will noch bis September bleiben, reist ganz allein. Ein ausgeprägtes Kommunikationsbedürfnis scheint er nicht zu haben, auf Fragen antwortet er höflich, aber knapp, Gegenfragen stellt er keine.

18.10 Uhr

Wieder im Lager. Das Durchgeschütteltwerden hat jetzt auch wirklich gereicht, vor allem mit der fettigen Fischsuppe im Magen.

Gerade haben wir zum ersten Mal Nikita gesehen, den russischen Meister im Tischtennis von 1986 und Begründer unseres Camps. Ein großer, schlaksiger blonder Mann Ende Vierzig mit freundlichem Gesicht.

Er teilte uns mit, dass wir für die Tour nur 200 Rubel (5,60 Euro) zahlen müssten, da die Bootstour ja nun leider ausgefallen sei. Interessant dabei: Uns hatte man am Morgen gesagt, der Ausflug würde 300 Rubel (8,40 Euro) kosten, Bernhard, Carola und Philipp dagegen wurde die Summe von 500 Rubel (immerhin 14 Euro) genannt. Hm.

19.45 Uhr

Wir fünf Deutschen beim Essen auf der Terrasse. Zunächst gab es Eiersalat, dazu eine Art Pizza, aber kalt und mit extrem viel Kochschinken drauf, jetzt steht ein Teller Gemüse mit einem Hackfleischklops vor jedem von uns.

19.55 Uhr

Was für eine Freude! Gerade sind Manfred und Heidi, unsere Schwaben aus Jenissejsk, hier angekommen. Das hätten wir uns wohl alle vier nicht vorstellen können bei unserer ersten Begegnung auf dem Postschiff, dass wir uns so dermaßen über ein Wiedersehen freuen würden!

Noch immer kopfschüttelnd (Heidi jedenfalls) berichteten sie von ihrer Unterkunft in Irkutsk. Sie waren untergebracht bei einer Familie, deren Mitglieder sich zwar auch in der Wohnung befanden, die sie aber nicht ein einziges Mal zu Gesicht bekamen. Alle Zimmer außer ihrem Schlafzimmer, dem Bad und der Küche, waren immer abgeschlossen. Sie hatten nur mit dem sechzehnjährigen Sohn zu tun, mit dem aber außer dem Austausch der nötigsten Fakten keine Kommunikation möglich war.

Die beiden bekamen drei verschiedene Schlüssel ausgehändigt, waren aber bei ihrer Rückkehr von der Stadterkundung trotzdem nicht in der Lage, das Gittertor an der Straße zu öffnen. Und wie wir wissen: Keine Klingeln in Irkutsk. So mussten sie Ewigkeiten auf der Straße herumstehen, bis endlich die Erlösung in Gestalt eines kampfhundführenden Hausbewohners erschien.

Wenn die Heidi erst mal dieses unglaubliche Reihenklo hier entdeckt... Hoffentlich fällt ihr der Kopf vor lauter Schütteln nicht vom Rumpf!

21.30 Uhr

Bernhard macht Feuer. Und ich spreche ihm pflichtschuldigst meine Bewunderung für dieses Können aus. Zugegebenermaßen haben wir Damen es nicht geschafft, unsere Hütte warm zu kriegen. Obwohl Nina einen großen Ehrgeiz entwickelte und ihren gesamten aktuellen „Spiegel“ opferte, wollte das Holz im Ofen, Kamin oder wie auch immer man dieses Loch da in unserem Flur nennen soll, nicht brennen.

„Mit Papier wolltet Ihr Feuer machen?? Bei den Pfadfindern wart Ihr wohl nicht...“

Herablassung pur vom bayerischen Bernhard. Ein Messer, so belehrte er mich, das bräuchte man. Damit nämlich müsse man von einem Holzscheit Späne abschnitzen, die sich dann kinderleicht in Brand setzen ließen.

Leider konnte ich nicht mit einem solchen Schneidewerkzeug dienen, aber die Russinnen aus dem Nachbarzimmer stellten ein passables Fahrtenmesser zur Verfügung und sich selbst gleich mit dazu, so dass sich momentan folgendes Bild ergibt: Drei Frauen stehen staunend im Halbkreis um einen Mann herum, der die archaischste Arbeit überhaupt verrichtet.

Währenddessen vergnügt Nina sich gerade mit Bernhards Schwester Carola beim Reiten. Es ist doch schon dunkel? Egal! Vorhin nach dem Essen kam Nikita an unseren Tisch und fragte, ob jemand Interesse hätte zu reiten; in der Runde jetzt gleich sei noch ein Pferd frei, nachher dann zwei. Spontan entschloss sich Bernhard, die Chance sofort zu nutzen, und nachdem Nina und Carola gesehen hatten, dass die Pferde einen harmlosen Eindruck machen, entschieden sie sich für die zweite Runde. Bernhards Gruppe, außer ihm bestehend aus den beiden Leiterinnen, zwei jungen Mädchen ohne jegliche Fremdsprachenkenntnisse, sowie einer unserer Hüttennachbarinnen, kam allerdings sehr spät wieder, so dass Nina und Carola erst im Halbdunkel starten konnten. Na ja, die Pferde werden ihren Weg schon finden. Nehm ich mal an.

22.15 Uhr

Ich stehe mit Philipp in einem Laden. Philipp brüllt die dicke Verkäuferin an. Nein, er hat keinen Streit mit ihr. Er versucht einfach nur, den ohrenbetäubenden Lärm aus dem Ghettoblaster in der Ecke zu übertönen und ihr klarzumachen, welches Bier wir kaufen wollen. Bei diesem Laden scheint es sich gleichzeitig um die Dorfkneipe zu handeln: Vom Verkaufsraum gehen noch zwei weitere Räume ab, beide so groß wie eine Sauna, und darin sitzen enggedrängt jede Menge Männer. Alle sehen sehr asiatisch aus und starren uns an.

Auf dem Weg hierher haben wir auch die Disco des Ortes ausfindig gemacht, hier gleich schräg gegenüber. Ein bretterumzäunter Garten. In dessen Mitte ein Tisch. Um diesen herum enggedrängt jede Menge Männer. Bombastisch laute Musik, westlicher Discorhythmus mit russischem Text. Ein älterer Herr tanzte ganz allein dazu. Drei grelle Strahler beleuchteten alles. Das ist das Nachtleben auf Olchon.

22.45 Uhr

Nina, Carola und die beiden russischen Nachbarinnen stehen andächtig um den auf dem Boden knienden Bernhard herum. Dem ist zwischenzeitlich so warm geworden, dass er seinen Pullover ausziehen musste. So richtig gut klappt es mit dem Feuer nämlich doch nicht. Carola hat zwischenzeitlich eine Kerze geholt, die in ihrer Hütte neben ihrem beneidenswert heißen Kamin vollkommen krumm geworden ist. Die soll nun bei uns mitverfeuert werden, um der ganzen Angelegenheit ein bisschen Schwung zu verleihen.

02.00 Uhr

Nicht zu fassen: Nina und Toni am Lagerfeuer! Mit Gitarren- und Gesangsbeglückung durch eine deutsche Pfadfindergruppe. Und eine extrovertierte russische Frau, die sich in den Gesangspausen der Pfadfinder in die Mitte des Kreises stellt und sehr urige hohe Töne von sich gibt. Ist das burjatische Sangeskunst? Keine Ahnung, es ist so duster, dass man die Dame nicht erkennen kann; nur sehr langes Haar ist schemenhaft auszumachen.

Auf jeden Fall haben unsere ohnehin schon mit leisem Muff behafteten Klamotten nun noch eine Räucherschicht dazubekommen.

Aber in puncto Muff sind wir nicht die Einzigen. Auch unsere drei Münchener beklagen die hygienischen Unzulänglichkeiten auf ihrer Reise. Speziell Carola kommt nur schwer klar mit den seltenen Duschgelegenheiten, anfangs war sie wohl sogar richtiggehend unglücklich und gereizt. Sie ist 24 und studiert Mode und Kommunikation. Was es nicht alles gibt heutzutage. Phillip ist noch jünger; übrigens ist er der beste Freund von Carolas und Bernhards kleinem Bruder und studiert „auf Lehramt", wie man so sagt, und zwar mit dem Ziel Hauptschule. Das ist tapfer. Nicht so tapfer ist er im Hinblick auf die hier ortsüblichen Plumpsklos.

„Vor jedem Klogang lamentiert unser Weichei erst mal fünf Minuten darüber, wie widerlich das alles ist und dass er das nicht mehr lange verkraften kann. Dann zieht er Jacke und Pullover aus, schüttelt sich, geht mit Leidensmiene los, und wenn er zurückkommt, spricht er fünf Minuten nicht, sondern schüttelt sich nur in regelmäßigen Abständen", lästert Bernhard.

Er selbst betrachtet die hygienische Lage ähnlich wie wir eher mit Humor. Vielleicht liegt es am leicht fortgeschrittenen Alter, das einen dann doch schon gelassener gemacht hat: Bernhard ist immerhin schon 35. Architekt übrigens. Wobei ich uns allen ein Lob aussprechen muss dafür, dass wir uns mit dem gegenseitigen Berufeabfragen bis jetzt Zeit gelassen haben. Dieses unerfreuliche Abtasten und Kategorisieren findet sonst ja immer schon in den ersten fünf Minuten nach dem Kennenlernen statt.

Im Moment tauschen wir unsere Reiseerlebnisse aus.

„In Moskau waren wir in einem Restaurant, in dem alle Bedienungen Matrosenanzüge anhatten. Der Fußboden war überall komplett aus Glas, und darunter schwammen Fische. Man saß da also quasi auf einem Aquarium. Ganz ulkiges Gefühl", erzählt Phillip.

„Aber der Knaller kam, als wir rausgehen wollen. Da hat einer der „Matrosen" mir zugezwinkert und ganz verstohlen auf eine Speisekarte gezeigt, die auf dem Tresen lag. Ich wusste nicht so recht, was er von mir wollte, wir hatten ja schließlich schon gegessen, ich hab aber aus Höflichkeit einen Blick darauf geworfen. Tja, das war sozusagen die Nachtischkarte. Man konnte sich auf dieser Karte nämlich Frauen aussuchen. Seitenweise!", gibt Bernhard zum Besten.

„Wir haben erst im Nachhinein registriert, dass fast nur Männer in dem Restaurant waren. Die Bedienung hat wahrscheinlich nur mit Rücksicht auf mich die Karte nicht schon vorher an den Tisch gebracht", kommt es von Carola.

Die drei sind übrigens insgesamt dreißig Tage unterwegs, zum Schluss fünf Tage in Peking. Gebucht haben sie die Reise bei TSA, Kosten für jeden: dreitausend Euro. Morgen früh trennen sich unsere Wege wieder, schade eigentlich. Sie fahren nach Listwjanka, dem Haupttouristenort am Baikalsee.

19. August – Noch immer auf Olchon

Dienstag, der 19. August

10.45 Uhr

„Schlimmer kann es eigentlich nicht kommen“, dachte ich damals, als ich in China die öffentliche Toilette in einem abgelegenen Dorf benutzte. Aber nun bin eines Besseren belehrt worden: Mein Erlebnis gerade eben auf dem Reihenplumpsklo toppt den Gang auf die chinesische Toilette des Grauens um Längen! Schuld ist aber nicht das Pumpsklo an sich, sondern ein mir dankenswerterweise unbekannt gebliebener Mitmensch. Warum ich dieses Klo überhaupt aufsuche? Weil die Chemietoilette hier in unserer Hütte so widerlich riecht, dass wir sie nur nachts benutzen, wenn der Weg durch die Finsternis zu den stockdunklen Plumpsklos das größere Übel ist. Tagsüber begebe ich mich dann wohl oder übel zu dem Reihenklo, wobei ich immer darauf achte, dass in den anderen Kabäuschen niemand zugegen ist, damit ich denjenigen bzw. der andere mich nicht mit Ausscheidungsgeräuschen- oder Gerüchen belästigt. Doch andere Leute sind da weniger heikel. Gerade befand ich mich bereits in meiner Kabine, als sich rechterhand jemand dazugesellte und nach Herzenslust – ich muss es so sagen – sofort losschiss. Ich musste jedes Aufklatschen seiner Exkremente mit anhören. Boah ey, das war so ekelhaft! Mir ist immer noch richtig kodderig.

11.30 Uhr

Mensch, ist das plötzlich heiß hier! Ich sitze auf einem Hügel mit Blick auf den Baikalsee und warte auf Nina, die noch mal ins Lager zurückgehen musste, um vorsichtshalber noch den Ersatz-Akku für ihren Fotoapparat zu holen. Das erste Mal blauer Himmel, da müssen wir natürlich fotografieren, was das Zeug hält.

Gerade bin ich einer deutschen Reisegruppe begegnet. Lauter wackere Rentner mit Wanderstöcken, im Eiltempo. BIS-Reisen aus Berlin, wie ich erfuhr. Sie sind schon seit drei Wochen unterwegs, und eigentlich sollte es eine Trekkingtour werden, aber wegen des unglaublichen Regens herrscht jetzt Hochwasser in den Bergen. Deshalb sind sie stattdessen fünf Tage lang auf Olchon zum Wandern.

12.15 Uhr

Nach all dem Gemecker muss ich jetzt aber mal ausdrücklich sagen: Es ist schön hier auf Olchon. Bislang hat uns einfach das schlechte Wetter nicht die Chance gegeben, das wahrzunehmen. Nun scheint die Sonne, wir laufen beglückt und ohne Planung durch die Gegend und finden ständig etwas Fotografierenswertes.

Jetzt gerade befinden wir uns an einem Ort, den ich als Schiffsfriedhof bezeichnen würde. Ich kann mir nämlich nicht vorstellen, dass all die komplett rostigen Schiffe, die hier auf dem Strand liegen, tatsächlich noch in See stechen. Allerdings würde ich nicht meine Hand dafür ins Feuer legen, dass sie es nicht doch tun.

Zwischen diesen Rostlauben liegen lauter braune und schwarze Kühe im Sand, ab und an erhebt sich eine von ihnen und trottet an den See, um daraus zu trinken. Außer uns beiden sind hier nur zwei Männer, die an der Tür einer der Holzhütten stehen und kritisch beäugen, wie wir begeistert diese Szenerie fotografieren. Was finden die nur unserem Schrott, scheinen sie sich zu fragen. Aber vielleicht fragen sie sich auch was ganz anderes. Oder sie nehmen uns einfach nur zur Kenntnis und fragen sich überhaupt nichts.

14.10 Uhr

Nach dem Mittagessen sitzen wir vor dem Restaurant im Lager, und ich bin immer noch empört. Mit was für Schwachköpfen man immer konfrontiert wird!

Zunächst tauchte Daniel, der nordrhein-westfälische Hüne mit der einschlägigen Wodkaerfahrung, an unserem Tisch auf und brüstete sich damit, dass sie gestern Abend fast eine Sauna abgefackelt hätten. Toll!

Dann kam einer seiner polnischen Kumpel dazu, zeigte auf ein dunkles Stück Gemüse in meiner Suppe und meinte: „Oh look, that´s Marihuana!“ Witzig!

Und dann der Höhepunkt: Auftritt des zweiten Deutschen aus dem Trupp. Dem gefielen wir wohl nicht, jedenfalls warf er nur einen gelangweilten Blick auf uns, sagte nicht mal Hallo und stand nur mit angeödeter Miene dabei. Doch als ich freundlich fragte: „Wohnt Ihr jetzt auch hier im Lager?“, erwachte er unerwartet zum Leben.

„Bestimmt nicht“, zischte er regelrecht. „Was soll das hier überhaupt sein für`n Scheißverein? Ist das `ne Sekte oder was?“

„Wie kommst du denn darauf?“ Wir waren total vor den Kopf geschlagen.

„Na, hier gibt`s doch so ein Motto. Bauen für den Frieden oder so ein Mist. Voll peinlich, ey. Ihr habt doch bestimmt auch schon `ne Aufgabe bekommen. Abwaschen für das Seelenheil oder so. Echt bescheuert, das kann doch wohl nicht euer Ernst sein, hier Urlaub zu machen.“

Also, ich bin ja eine friedliebende Person und gerade Fremden gegenüber erst mal zurückhaltend, aber wenn ich eins nicht ausstehen kann, dann sind das Typen, die versuchen, mir grundlos die Laune zu verderben. Was ich diesem Miesepeter alles entgegengegiftet habe, weiß ich schon gar nicht mehr, ich hab von meiner eigenen Attacke selbst einen Schock erlitten und leide jetzt hinterher an einem kleinen Blackout. Nina meinte nur: „Mein Gott, kannst du zickig sein! Das hätte ich dir gar nicht zugetraut“. Jedenfalls verließen die drei uns fluchtartig.

15.45 Uhr

Was müssen wir auch in Russland, in Sibirien, auf einer Insel im Baikalsee, auf russischen Leihrädern Mountainbike fahren? Warum wundern wir uns über Reifen ohne Profil, sich drehende Sättel, nicht gleichmäßig ziehende Bremsen und Gangschaltungen, die nur mit lautem Rrrrraaaaa ihren Dienst verrichten? Gerade mal zwanzig Minuten sind wir unterwegs und schon fix und fertig und bedient. Mieses Material, brütende Hitze und dazu ein öder Weg, steil, endlos geradeaus und nur aus Schotter bestehend. Offensichtlich ist das die Hauptstraße, an deren Rand wir gerade in der glühenden Sonne stehen. Der junge Mann im Lager, der uns die Räder ausgeliehen hat, war nicht in der Lage oder nicht willens, uns eine schöne Strecke auf der Karte zu zeigen. Er deutete nur gelangweilt auf den Weg, den wir gestern schon auf der Exkursion zurückgelegt hatten. Was anderes wisse er nicht. Blöder Typ.

Es war schon mehr als schwierig, überhaupt ein Fahrrad bei ihm auszuleihen. Als wir nach dem Essen fragten, ob wir zwei Räder haben könnten, meinte er „No, all booked“. Gut, das nahmen wir hin, kann man nichts machen, war vielleicht wirklich zu spontan von uns. Wir standen etwas unschlüssig und enttäuscht in der Gegend herum. Plötzlich flackerte aber doch so etwas wie Interesse bei ihm auf und er fragte, wann wir die Räder denn bräuchten. Jetzt gleich, lautete unsere schlichte Antwort. Ach so, ja, dann wäre es doch kein Problem, so seine wundersame Reaktion. Wir sollten um fünfzehn Uhr wiederkommen.

Gesagt, getan, wir Punkt fünfzehn Uhr da, er nicht. Nach zehn Minuten ging ich los, den jungen Mann suchen, und fand ihn sich sonnend vor einem Haus. Ach so, ja, die Fahrräder. Und schlurfte hinter mir her. Für Nina den Sattel hochzudrehen empfand er schon wieder als Zumutung.

Na ja, wie dem auch sei, jedenfalls kehren wir jetzt um und machen aus der geplanten Sportaktion eine gemütliche Fahrradtour durchs Dorf.

16.35 Uhr

Wir sitzen auf den Stufen vor einem „Supermarkt“ und essen Eis, ich so was wie ein Magnum, Nina eine Art Split. Das wird ja wohl in Ordnung sein, hygienetechnisch gesehen.

Gerade hat hier auch eine russische Fahrradgruppe Halt gemacht, und ein junger Mann fragte uns, woher wir kämen. Auf unsere Antwort „Germany“ hin winkte er ganz aufgeregt einen uralten Mann aus der Gruppe herbei. Der sollte mit uns Deutsch sprechen. Erst genierte er sich furchtbar, aber zusehends kamen ihm die deutschen Worte wieder ins Gedächtnis, er wurde immer zutraulicher und rückte näher und näher an uns ran, flirtete bald sogar ein bisschen mit uns. Er wollte gar nicht mehr gehen, obwohl die Gruppe drängte. Erst als die anderen einfach losfuhren, konnte er nicht mehr anders als ihnen zu folgen, wobei er uns noch mehrfach zuwinkte. Woher er so gut Deutsch konnte, haben wir ihn nicht gefragt und er hat es von sich aus auch nicht preisgegeben. Aber das musste er auch nicht. Angesichts seines Alters liegt es ja auf der Hand, dass seine Sprachkenntnisse aus dem Krieg stammen – und ich glaube, wir alle drei waren uns unausgesprochen darüber einig, dass die düstere Vergangenheit unsere heitere Begegnung nicht überschatten sollte.

18.00 Uhr

Als wir unsere Fahrräder zurückbrachten, fiel dem jungen Mann vom Verleih plötzlich ein, dass er ja doch einen ganz tollen Weg kennt, sehr schön, gar nicht steil, und ganz ohne Sand und Schotter.

18.40 Uhr

Nach dem schweißtreibenden Radfahren kamen wir nicht umhin, uns nun doch einmal zu reinigen. Die „Dusche" – es gibt für das ganze Lager eine einzige – befindet sich in einer eigenen kleinen Hütte. In der Mitte des Raumes steht ein Ofen, der heißes Wasser produziert, so wie in Birjusa. Nur hatte man da ja wenigstens eine Blechschüssel zum Mischen von heißem und kaltem Wasser. Hier gibt es nur eine Halbliter-Schöpfkelle, die man erst zur Hälfte mit dem heißen Wasser füllt und dann in ein Fass mit kaltem Wasser taucht, um das Ganze dann über sich zu gießen. Hinterher fühlt man sich zwar etwas frischer als vorher, aber beileibe nicht sauber.

Vor unserem Haus brummt ohne Unterlass ein Generator, der die Waschmaschine antreibt. Die befindet sich im Nebenraum der „Dusche".

19.45 Uhr

Also, irgendwie werde ich das Gefühl nicht los, dass die hier immer versuchen, einen zu betuppen. Gerade beim Essen kam Nikita an unseren Tisch und teilte uns mit, der Minibus zurück nach Irkutsk würde morgen früh um 7.30 Uhr abfahren, wir sollten dann bereit stehen. Nach dieser Bekanntmachung drehte er sich um und wollte weggehen. Aber Nina hielt ihn auf.

„Wir haben doch einen Privatfahrer gebucht! Warum müssen wir denn nun mit einem Minibus fahren?"

Nikita ging er erst mal wortlos weg, kam einige Minuten später zurück, und ohne jeglichen Kommentar zu der ganzen Sache fragte er nur kurzangebunden, wann wir denn abfahren wollten.

„Um elf?“, schlugen wir vor.

„O.k.“, sagte er und ging. Ich hatte nicht den Eindruck, als wäre ihm sein Irrtum auch nur das kleinste bisschen unangenehm. Wenn es denn überhaupt einer war.

Zu essen gab es übrigens Kartoffelpüree mit etwas Undefinierbarem – wir beschlossen, es als Riesengurke anzusehen – und wieder einen Hackfleischklops.

Während des Essens konnten wir von unserer Veranda aus eine interessante Veranstaltung betrachten: Ungefähr fünfzehn junge Menschen, gerade frisch angekommen, allesamt mit weißen Schirmmützen ausstaffiert, standen andächtig im Kreis und lauschten einer Dame. Als wir später dort vorbeigingen, sprach mich ein junges Mädchen an und drückte mir einen Zettel in die Hand; ich sollte die Fragen darauf beantworten und ihr später zurückgeben. Die Fragen lauten: 1. Was bedeutet der Baikalsee für mich? 2. Was kann ich für den Baikalsee tun? Irgendwie hatte der bösartige Daniel-Kumpel wohl doch recht. Das hier ist ein Lager mit Ideologie.

20.30 Uhr

Den ganzen Tag über moserte Nina jedes Mal, wenn wir unsere Hütte betraten: „Hier stinkt es so... Irgendwie nach Scheiße!“ Ich war der Meinung, dass wohl die Chemietoilette schuld sein müsste, aber sie fand, dieser Geruch sei neu und ganz anders als der Mief der letzten Tage.

Als wir uns vorhin wieder mit dem Feuermachen befassen mussten und deshalb im Vorraum waren, schloss ich mich ihr an: Ein wirklich merkwürdiger, strenger Geruch durchzog den Raum. Und plötzlich nahmen wir wahr, was wir den ganzen Tag übersehen hatten: Eine Plastiktüte auf dem Tisch, die gestern noch nicht da gelegen hatte. Wir lugten vorsichtig hinein – und fielen fast um. Die Quelle des Gestanks war gefunden. Zuerst waren wir unsicher, was das überhaupt war, aber dann dämmerte es mir: Ein Aal!

Ohne lange zu fackeln beförderte ich die Stinketüte nach draußen auf die Veranda vor dem Haus. In dem Moment kam eine der beiden Russinnen, die Englischlehrerin, in die Hütte, und ich fragte: „Is this your eel?"

Sie antwortete: „Yes, it`s fish", als würde das erklären, wieso sie unsere Hütte in eine Muffbude verwandelt hatte. Ich rang gerade nach Worten, um ihr auf höfliche Weise klarzumachen, dass die Ausdünstungen unseren empfindlichen Näschen nicht zuzumuten seien, als Nina von drinnen energisch rief: „ It stinks!"

Die russische Dame verstand angeblich nicht, und ich wiederholte freundlich: „She says it stinks."

Sehr hoheitsvoll und in gewählter Oxford-Aussprache verkündete sie daraufhin: „I put it in our room. If you don`t mind." Und zog mit steifem Rücken und der Aaltüte von dannen. Nun ignorieren sich die Kulturen in diesem Hause.

00.05 Uhr

Kriegszustand im Blockhaus! Nina war auf dem Chemieklo und musste feststellen, dass die reizenden Nachbarinnen die Mufftüte wieder auf den Tisch gelegt hatten, und sogar noch eine andere dazu! Und dass es wieder stank „wie die Sau“, so ihr Bericht. Ich ging in den Vorraum, um das Ganze zu begucken, und sah, dass die Tüten diesmal sogar offen dalagen. In der Hoffnung, dass der Gestank vielleicht drin bleibt, knüllte ich die Tüten ganz eng zusammen.

Kaum lag ich wieder, als Nachbarinnens Tür ging und man es knistern hörte. Offensichtlich sollten die Tüten wieder geöffnet werden. Wie von der Tarantel gestochen sprang Nina aus dem Bett und stob zur Tür hinaus, und dann ging es los: Deutschland gegen Russland, in London erworbenes deftiges Straßen-Englisch gegen Englischlehrerinnen-Oxford-Englisch, unverhohlene Wut gegen zickiges Würdevolltun.

„Ob du wohl – Bitte! – gefälligst aufhören würdest, mir mit deiner verdammten Scheiß-Taschenlampe die ganze Zeit im Gesicht rumzuleuchten und ob du wohl – Bitte! – endlich deinen miesen stinkenden Fisch hier wegschaffen könntest?“, so Nina, auf Englisch natürlich, total aufgebracht.

„Nein, denn der Fisch stinkt nicht (it does not stink), sondern er riecht (but it smells!). So wie ein hervorragender alter Käse auch riecht und nicht stinkt!“, so die feierliche Antwort.

Und dann wurde wie verrückt hin und her definiert, was denn so alles „stinks“ und was „smells“. Im Anschluss stritt man darüber, welche Partei sich nun unhöflicher verhalten habe. Unfassbar unverschämt fand die Russin, dass wir den Fisch einfach auf die Veranda gelegt hatten. Jeder hätte ihn doch dort wegnehmen können. Und dann leugnete sie rundweg, dass ich mit ihr gesprochen hätte und sie die Tüte mit in ihr Zimmer nehmen wollte. Nina wiederum stellte klar, dass das Wort Unhöflichkeit noch milde ausgedrückt sei für die penetrante Belästigung seiner Mitmenschen durch unerträglichen Gestank.

Als irgendwann alle Argumente mehrfach ausgetauscht waren, behauptete Genossin Lehrerin plötzlich und unerwartet, das sei ja gar nicht ihr Fisch, der gehöre ihrer Freundin, wir möchten das doch bitte mit dieser regeln. Und schlug die Tür hinter sich zu.

Da sitzen wir nun, mit dem bitteren Gefühl einer verlorenen Schlacht, denn wir trauen uns nicht, den Fisch nach draußen zu befördern. Die haben ja schließlich ein Fahrtenmesser!

20. August – Zurück nach Irkutsk

Mittwoch, der 20. August
09.15 Uhr

Der Feind ist weg! Heute Morgen wurden die bösartigen Wesen mit dem Minibus abtransportiert. Nicht auszudenken, wenn wir nicht gestern auf unserem Privatfahrer bestanden hätten. Dann würden wir jetzt neben diesen beiden Weibern und dem Aal sitzen. Sowohl die eisige Stimmung als auch die Geruchsentwicklung auf so kleinem Raum mag man sich ja kaum ausmalen!

10.10 Uhr

Abschiedsfrühstück mit Heidi und Manfred. Ihre Exkursion gestern – die gleiche Tour wie unsere vorgestern – war ganz toll, den ganzen Tag Sonne, sie waren mehr als zehn Stunden unterwegs und sind natürlich vom Nordkap aus mit dem Boot zurückgefahren. Ein ganz tolles Erlebnis, wie sie uns versichern. Irgendwie haben die einfach mehr Glück als wir. Schon in Jenissejsk hatten sie (mit uns gemeinsam) so schönes Wetter, und auch Krasnojarsk, das sich in mein Hirn durch frierendes Im-Bett-Liegen eingebrannt hat, erlebten sie sonnig. Ebenso Irkutsk, durch das wir den ganzen Tag mit den wenig schmeichelhaften Kapuzen auf dem Kopf laufen mussten.

Gleich starten sie zu ihrer nächsten Exkursion. Dafür hatten sie sich wohl an Gregori gewandt, der jedenfalls kam an den Tisch und sagte, es könne um halb elf losgehen. Als sie ihn fragten, welche Sprache der Fahrer spreche, war die Antwort „Nur russisch“. Da guckten die beiden ein wenig bedenklich, Heidi machte wieder „ihre Geste“ mit der Hand an der Stirn und dem verzweifelten Kopfschütteln. Und schon lief Gregori los, um nach wenigen Minuten zurückzukehren und zu verkünden, dass er einen deutschsprachigen Fahrer organisiert hätte.

Komische Geschichten: Man will ein Fahrrad leihen, es gibt keins, man bleibt abwartend stehen, schon gibt es eins. Man soll in einen Minibus verfrachtet werden, man verleiht seiner Verwunderung darüber Ausdruck, schon hat man einen Privatfahrer. Man will eine Tour machen, der Fahrer spricht nur russisch, man schüttelt traurig den Kopf, schon hat man einen deutschsprachigen Fahrer. Steht das alles unter dem Motto „Versuchen kann man`s ja mal“? Oder ist es nur Gedankenlosigkeit? Desinteresse? Gleichgültigkeit?

11.02 Uhr

Andererseits muss man immer wieder staunen über die Pünktlichkeit. Auf die Minute um elf Uhr war unser Fahrer da, ein älterer Herr, ausschließlich russisch sprechend. Wir werden diesmal in einem kleinen Lada-Jeep gefahren.

11.10 Uhr

Schön, pünktlich da war er, aber dann ging er weg und ward seitdem nicht mehr gesehen.

11.56 Uhr

Super, jetzt ist uns die Fähre vor der Nase weggefahren, und die nächste fährt erst um 12.50 Uhr. Nun müssen wir eine Stunde hier am Fähranleger rumlungern. Warum hat Nikita eigentlich uns gefragt, wann wir fahren wollen? Wir konnten schließlich nicht wissen, wann die Fähren ablegen. Die Abfahrtszeiten hätte doch er uns sagen müssen und dementsprechend berechnen, wann wir dann starten müssen. Aber in einem Land, in dem Warten eine Selbstverständlichkeit ist, kommt man wohl auf so eine Idee gar nicht.

Übrigens haben wir den Eindruck, dass es auch hier im Wagen nach Fisch stinkt, aber vielleicht hängt uns selbst der Mief ja in den Klamotten.

Ich sitze vorne beim Fahrer und fühle mich etwas unwohl, weil ich mit ihm nicht kommunizieren kann. Er fragte etwas, in dem die Worte „pa russki“ (auf Russisch) und „gawarit“ (sprechen) vorkamen, ich lächelte entschuldigend, er sagte „tschut-tschut“ (ein bisschen), das war`s. Ach, echt blöd, mit Russischkenntnissen hätten wir sicher mindestens siebzig Prozent mehr Spaß auf dieser Reise.

Ach ja, auf dem Weg zum Hafen haben wir ein paar von den jungen Leuten mit den weißen Schirmmützen am Straßenrand gesehen. Sie klaubten Müll auf.

Nina ist zwischenzeitlich einen Hügel hochgeklettert, das werde ich jetzt auch tun.

12.50 Uhr

Die Fähre legt sogar überpünktlich ab.

17.20 Uhr

Wieder in Irkutsk. Zurück in der Zivilisation. Wir sitzen vor dem Café Monet, mit Blick auf das Hotel Baikal. Das Handy funktioniert wieder, die Bedienung spricht Englisch, die Speisekarte ebenso, wir trinken Weißwein und Evian. Doch leider müssen wir feststellen: Wir passen hier nicht mehr so ganz her. Erst jetzt, im Vergleich mit den anderen Gästen, registrieren wir, wie abgerissen wir inzwischen aussehen. Nina im Skiunterhemd, ich in fleckiger Trekkinghose, beide mit dicken Schlammkrusten an den Schuhen. Verschwitzt sind wir außerdem, denn wir mussten gerade ein ganzes Stück zu Fuß durch das sommerwarme Irkutsk zurücklegen, und zwar mit gesamtem Gepäck am Mann.

Eigentlich wollten wir unsere Wartezeit bis zur Abfahrt unseres Zuges um 21.47 Uhr im Restaurant und in der Lobby des Hotels Rus verbringen. Das war ein Tipp von Bernhard. Doch nachdem unser Fahrer uns um kurz nach 16 Uhr dort abgesetzt hatte, mussten wir feststellen, dass das Restaurant geschlossen war und die Lobby lediglich aus einem Sofa gegenüber der Rezeption bestand. Dort konnten wir unmöglich fast fünf Stunden verbringen, zumal uns der Rezeptionist sehr argwöhnisch betrachtete. Doch was sollten wir stattdessen tun? Ein erneuter Bummel durch Irkutsk schied aus, schließlich hatten wir unser Gepäck dabei und wollten es nicht einfach in irgendeinem Hotel oder am Bahnhof zur Aufbewahrung geben. Dort witterten wir wieder einmal Gepäckweg-Gefahr. Uns fiel das Hotel Baikal ein, in dem wir mit

Olga zum Geldwechseln gewesen waren. Das war zumindest groß, und wir würden uns dort mitsamt unserem Gepäck herumdrücken können, ohne allzu sehr aufzufallen. Auf dem Stadtplan in unserem Reiseführer sah der Weg dorthin allerdings sehr weit aus, zu weit, um ihn mit Koffern im Schlepptau zu absolvieren. Ein Taxi war wohl unumgänglich. Doch vorsichtshalber fragten wir einen jungen Mann in Portier-Uniform vor dem Hotel, ob er uns ein Taxi zum Hotel Baikal rufen könnte. Er stutzte, war sich wohl nicht ganz sicher, ob er uns richtig verstanden hatte, und ließ sich von uns auf unserer Karte im Reiseführer zeigen, wohin wir wollten. Dabei stellte er zu seinem großen Amüsement fest, dass das Hotel Rus auf dem Plan völlig falsch eingezeichnet war. Wir könnten auf jeden Fall zu Fuß gehen. Und er beschrieb uns den Weg gleich dreimal. Und winkte uns noch nach. Ich will ja nicht übertreiben, aber ich glaube, das war der erste Mensch, der sich mal wirklich um uns bemüht hat. Und das, ohne irgendeinen Nutzen davon zu haben.

Tatsächlich war der Weg nicht weit, wenn auch wie gesagt etwas schweißtreibend mit den Koffern im Schlepptau. Aber wir wurden für die Mühsal ja gleich belohnt, indem wir dieses hübsche Café gegenüber dem Hotel Baikal fanden und hier nun – zu Backpackern mutiert, aber zufrieden – wunderbar entspannt hier auf der Terrasse des Cafés in der Sonne sitzen.

18.02 Uhr

Wir haben wirklich sehr nett gegessen. Nina hatte Fettuccine mit Zucchini und Karotten, ich gegrillte

Hähnchenbrust mit gebackener Banane und Ingwersauce. Dadurch beschwingt sind wir allerdings etwas zu übermütig geworden und haben auch noch Espresso (Nina) und Cappuccino (ich) bestellt. Italienische Kaffeespezialitäten in Sibirien: Das kann nichts werden. Meine spontane Reaktion auf mein Gebräu: „Uiiii..." Schlimm.

Wir haben den Eindruck, dass dieses Café der Szenetreff der Irkutsker Geschäftsleute oder sogar – pschschscht! – der Mafia ist! Jedenfalls sitzt hinter uns ein dunkler schnurrbärtiger Typ mit Anzug und Sonnenbrille, der hier mit neuem Mercedes 500, verdunkelten Scheiben und Fahrer angerückt kam. Momentan bespricht er sich mit einem anderen Herrn ähnlichen Kalibers.

21.48 Uhr

Im Zug nach Ulan Bator, Mongolei.

Als wir zu dem für uns reservierten Abteil kamen, starrten uns daraus vier männliche Augenpaare an. Nina herrschte die Herren gleich auf Englisch an: Sie seien ja wohl eindeutig falsch hier, ob sie denn wohl mal bitte ihre Tickets vorzeigen könnten. Die vier waren ganz verschreckt, kramten und stammelten. An ihrem Akzent unverkennbar zu hören: Deutsche. Wir gaben uns als Landsleute zu erkennen, die Kommunikation zwischen den Parteien wurde von Englisch auf Deutsch umgeschaltet, die schlechte Stimmung blieb. Die Typen meinten, wir könnten doch wohl ihr Abteil nehmen, schließlich hätten sie schon all ihre Sachen ausgepackt. Aber dazu waren wir nicht bereit, weil wir auf die dann vorprogrammierte Debatte mit dem Prowodnik wegen falscher Plätze keine

Lust hatten. Am Ende blieb ihnen keine Wahl, wir waren ja nun einmal im Recht. Aber in ihren wutverzerrten Mienen war deutlich zu lesen: „Frustrierte Zicken!“.

Was wir natürlich nicht sind. Nur angespannt. Denn wir sind wieder einmal in Sorge, diesmal wegen des Einreisestresses in die Mongolei, der uns nun ja wohl bevorsteht. Frau Kretschmann entwirft in ihrem Reiseführer hierzu wieder die reinsten Horrorszenarien.

Zum einen ist da die Sache mit der Fremdwährung (Euro, Dollar), die man nicht aus Russland ausführen darf, wenn man sie nicht zuvor angemeldet hat. Aber diesbezüglich dürfte eigentlich nichts schief gehen, wir haben schließlich unsere wunderbare Zolldeklaration mit Stempel in der Tasche. Übrigens hatten Bernhard, Carola und Philipp von der gesamten Problematik mit der Ausführung von Devisen noch nie was gehört und besaßen infolgedessen auch keine solche Zolldeklaration – und fanden unsere Befürchtungen offensichtlich ziemlich lächerlich. Heidi und Manfred dagegen als folgsame Kretschmann-Kunden hatten sich bei ihrer Ankunft in Moskau natürlich zum Zoll begeben – und tatsächlich die von Frau Kretschmann geschilderten großen Probleme gehabt, den Stempel zu bekommen.

Zum anderen wird an der russisch-mongolischen Grenze angeblich versucht, einem eine Krankenversicherung zu verkaufen. Weigert man sich zu kaufen, fliegt man entweder aus dem Zug oder bekommt den Pass nicht zurück.

Bevor man beim Grenzaufenthalt den Zug verlässt, um sich die Beine zu vertreten, muss man zuerst die Pass-

und Zollkontrolle hinter sich gebracht haben. Außer bei Zug Nr. 264. Da darf man auch schon vorher aussteigen, weil der Zug nämlich fünf bis sechs Stunden (!) an der Grenze herumsteht. Und in welchem Zug sitzen wir wohl? Genau!

22.16 Uhr

Gerade haben wir die Betten bezogen. Die Bettwäsche war diesmal umsonst, dafür aber feucht.

Ich hatte gehofft, den Baikalsee noch einmal zu sehen, weil wir direkt daran vorbeifahren, aber es ist inzwischen stockdunkel, außerdem gießt es mal wieder.

02.41 Uhr

Schlaflos in Sibirien. Bin wieder mit eingeschlafener Schulter und Hüfte aufgewacht. Diese russischen Schlafwagenbetten sind einfach nichts für mich. Das habe ich wirklich nicht erwartet, wo ich doch im Schlafwagen in China so prächtig genächtigt habe.

Auf dem Weg zur Toilette – die hier einigermaßen passabel ist – bin ich an der Schaffnerin vorbeigekommen, die die ganze Nacht in ihrem halbdunklen Abteil sitzen und wachen muss. Auch ein Job.

Wir stehen gerade an einem Bahnhof, wo auch immer. Macht den Eindruck einer Industriestadt, jedenfalls konnte ich bei der Anfahrt viele rauchende Schornsteine sehen. Die Landschaft scheint sich verändert zu haben, soweit ich das im Dunkeln erkennen kann. Es ist jetzt absolut flach und leer. Mal eine neue Variante. Bisher war es ja immer entweder flach und bewaldet oder hügelig und leer.

Ein guter Tipp für so eine Reise: Eine Thermoskanne mitnehmen, wie Nina es getan hat. Heißes Wasser bekommt man in jedem Zug, und dann kann man sich Tee zubereiten oder Instant-Kaffee oder Capuccino, wie ich mit meinen kleinen Tütchen Café Melange von Aldi, von denen ich leider viel zu wenige mitgenommen habe. Ich hatte nicht damit gerechnet, dass sich dieses eigentlich viel zu süße Getränk auf dieser Reise so tröstlich auswirken könnte.

21. August – Mit der Transsibirischen Eisenbahn in die Mongolei

Donnerstag, 21. August
10.27 Uhr

Frühstück in der Transsibirischen Eisenbahn. Man flaniert Richtung Speisewagen, vernimmt schon von weitem das gedämpfte Stimmengemurmel, man tritt ein, an Tischen mit weißen Tischdecken sitzen gediegene Erscheinungen, man wird an einen Tisch geleitet, nach seinen Wünschen befragt, nimmt ein wenig Toastbrot zu sich, nippt an seinem Tee und treibt elegante Konversation mit Reisenden aus aller Welt. So habe ich es mir erträumt.

Doch leider scheiterte dieser Traum in der Realität schon nach wenigen Metern am Prowodnik, der uns mitteilte, dass wir in diesem Zug kein Frühstück bekommen können – weil es nämlich überhaupt keinen Speisewagen gibt!

Also kauften wir kleinlaut eine Packung Kekse und eine Tasse Kaffee, schon fertig mit Milch und Zucker angemacht, und sitzen nun wieder in unserem Abteil. Was für ein Schlag ins Kontor!

Ach, in der Tat, da lese ich es jetzt auch im Kretschmann`schen Reiseführer auf Seite 126: „Züge auf kurzen Strecken, wie z.B. Nr. 263 oder 264, führen keinen Speisewagen.“ Ja, toll. Hätte ich das Buch vor der Reise komplett auswendig lernen sollen, oder was? So etwas hätte ja wohl in unserer Reisebeschreibung stehen können. Wir haben nämlich ein kleines Problem: Nichts mehr zu essen außer zwei Fruchtschnitten von Schneekoppe. Und erst morgen früh um 6 Uhr werden wir diesen Zug wieder verlassen. Hätten wir doch nur unser Pumpernickel nicht zu Hause gelassen!

12.30 Uhr

Gerade habe ich eine einstündige Wanderung durch den gesamten Zug hinter mir. Wir sind in der gehobensten Klasse untergebracht. Im nächsten Waggon gibt es zwar auch noch Vierer-Abteile, aber dort ist alles weniger schick ausgestattet. Keine blauen Vorhänge im Gang, keine Teppiche. Und ab dem übernächsten Waggon wird es richtig hart: Die sogenannten Platzkartny-Waggons – das sind Großraumabteile. Geht man durch den Gang in der Mitte, sieht man rechts und links Menschen auf harten Pritschen liegen, die Füße hängen in den Gang.

Von Waggon zu Waggon zu gehen erfordert etwas Mut, denn die ineinandergeschobenen Plattformen zwischen den Wagen bewegen sich zum Teil recht heftig, und rechts und links davon geht es direkt nach unten. Nicht dass man da wirklich reinstürzen und auf die Schienen krachen könnte, aber abrutschen und mit dem kompletten Bein in so einem Loch stecken bleiben ist bestimmt drin.

Der Zug ist eine Art Regionalbahn, an jeglicher Häusersammlung mit Bahnsteig hält er an. Das Gute daran ist, dass er nie wirklich in Fahrt gerät und deshalb die Landschaft nicht so vorbeirauscht. Auch wenn es nicht eigentlich viel zu sehen gibt. Der Himmel hängt tief über sanften, weiten Hügeln, spiegelt sich in den Pfützen und überfluteten Flächen. Verwahrloste und verlassen wirkende Dörfer, veraltete Industrieanlagen mit qualmenden Schornsteinen und halbverfallene Fabriken säumen den Weg. Strommasten und Leitungen neben den Schienen stören den Blick in die Ferne. Und über allem scheint das Wort „Depression“ zu hängen.

14.40 Uhr

Himmelherrgottnochmal! Was für eine Aufregung! Was muss man denn noch alles verkraften?

Wir sind in Nauschki angekommen, dem russischen Grenzort, an dem wir laut Zeitplan fünf Stunden Aufenthalt haben. Nach anfänglichem Zaudern und Zagen verließen wir uns auf die Auskunft im Reiseführer, dass man hier aussteigen und herumlaufen kann. Erst streunten wir nur auf dem Bahnsteig herum, dann wurden wir mutiger und gingen über die Straße hinter dem Bahnhof zu einem Markt. Dort kauften wir Möhren, Tomaten, Brot, Chips, Cola und Wasser und beglückwünschten uns gegenseitig dazu, wie viel pfiffiger wir doch seien als die Langweiler von Mitreisenden, die alle im Zug geblieben waren.

Doch wieder auf dem Bahnsteig angelangt verging uns die Hochstimmung: Das Gleis war leer! Erst sahen wir uns gegenseitig fassungslos an, dann erblickten wir die Rücklichter unseres Zuges, der langsam aber zielstrebig aus dem Bahnhof rollte.

Nun gab es zwei Möglichkeiten: Hinterherrennen, was das Zeug hält, oder stehen bleiben und hoffen, dass der Zug aus irgendeinem Grund zurückkommt. Wir allerdings entschieden uns für eine vollkommen sinnlose dritte Variante: Hinterher*gehen* und uns gegenseitig ständig versichern, dass es einfach ausgeschlossen ist, dass der Zug so weit vor der Zeit abfährt. Schwer beladen mit unseren Markttüten am Arm kamen wir so zwar schnell in Schweiß, dem Zug allerdings nicht einen Deut näher. Doch auch als der Bahnsteig längst zu Ende war und wir schon zwischen den Schienen herumwankten, konnten wir uns nicht entschließen, unsere absurde Aktion abzubrechen.

Plötzlich dann – oh Schreck – kam der Zug rückwärts wieder auf uns zugefahren. Wir sprangen zur Seite und blieben abwartend stehen. Der Zug hielt an. Unser Prowodnik streckte seinen Kopf aus dem Fenster raus, grinste über beide Ohren und ließ dann die Treppe für uns runter. Wir kletterten mit hochroten Köpfen und schamgesenktem Blick nach oben. Wie wir dann bemerkten, war entgegen unserer ersten Annahme der Zug nicht etwa unseretwegen zurückgekehrt, sondern hatte lediglich rangiert.

Das tut er jetzt übrigens gerade wieder, es geht ständig vorwärts und rückwärts, mit großem Ruckeln und Krachen. Von dieser Aktion sind wir nun vollkommen bedient; ich hab immer noch einen roten Kopf und Nina findet, sie riecht wie ein nasser Hund.

14.55 Uhr

Die Toiletten im Zug sind und bleiben abgeschlossen, solange wir im Bahnhof stehen. Man ist also auf die Bahnhofstoilette angewiesen. Der nackte Horror. Das „Schlimmer kann´s ja nicht mehr kommen“-Reihen-

Plumpsklo auf Olchon ist damit in der Rangliste auf Platz 2 abgerutscht. Eine halbhohe Tür, über die jeder Ankömmling mühelos drüberlugen kann, dahinter eine Hocktoilette, so dreckig und ekelhaft, wie ich es noch nie gesehen habe. Näher beschreiben möchte ich das jetzt bitte nicht.

15.35 Uhr

Nina wird schon wieder unruhig, will noch einmal aussteigen. Aber jetzt gerade hat der Zug sich wieder in Bewegung gesetzt, nachdem er fünf Minuten lang gehalten hat. Rätselhaft, was es die ganze Zeit zu rangieren gibt.

15.55 Uhr

Nun sind wir doch ausgestiegen, bleiben aber schön ordentlich auf dem Bahnsteig.

Was ich mich frage: Wo sind denn eigentlich die sagenumwobenen Mütterchen, die angeblich auf jedem Bahnsteig Lebensmittel aller Art anbieten? Hier jedenfalls ist nicht eine einzige zu sehen, dabei würde sich das doch wirklich anbieten bei einem Bahnhof, an dem die Züge so lange Aufenthalt haben. Aber auch bei den vielen Stopps auf dem Weg hierher war nirgendwo eine zu sehen.

Außer den vier deutschen Männern, die uns nach ihrem beleidigten Abgang aus unserem Abteil natürlich ignorieren, sind hier noch ein Engländer mit seiner Frau, die auf diese unbequeme Weise ihre Flitterwochen verbringen, und ein junger Amerikaner, der sich ganz furchtbar aufregt über die Zeitverschwendung, die hier gerade stattfindet. Er reist in der Welt umher, weil er nicht weiß, was er mit seinem Leben anstellen soll, welcher Karriereweg der richtige für ihn ist und überhaupt. Zuerst war er in Estland, dann in St. Petersburg (das sei schön, aber alle Attraktionen lägen aufgereiht an einer einzigen Straße, so dass drei Tage Aufenthalt schon fast zuviel waren), dann in Moskau (wo er selbst nach fünf Tagen das Gefühl hatte, fast noch nichts gesehen zu haben), in Wladimir, Kasan, Ekaterinenburg, Omsk, Nowosibirsk, Krasnojarsk (hier fand er das von Frau Kretschmann so gelobte Heimatmuseum tatsächlich ganz toll), Irkutsk und Ulan-Ude. Er wurde mehrfach auf der Straße von freundlichen Russen angesprochen, die ihn herumführten. In Ulan-Ude wohnte er bei einer Frau, die er eigentlich nur nach dem Weg gefragt hatte; die beiden kamen ins Gespräch, sie unternahm mit ihm in ihrem Minibus eine Stadtrundfahrt und lud ihn dann noch ins Restaurant ein. Der junge Mann hat übrigens ein ausgeprägtes Redebedürfnis, irgendwelche Gegenwortbeiträge erwartet er anscheinend nicht. Vielleicht kommt das vom vielen Alleinsein.

16.37 Uhr

Dieses Gewarte macht einen so was von mürbe! Wenn man wenigstens schlafen könnte. Aber dieses ewige Vor- und Zurückfahren verhindert das komplett. Zweck des Rangierens war offensichtlich, alle anderen Wagen abzukoppeln. Jedenfalls steht unser Waggon nun völlig allein auf einem Gleis. Ohne Lok. Sieht total lächerlich aus.

16.58 Uhr

Endlich tut sich was! Jetzt wird es spannend!

Vor zehn Minuten ging eine junge Frau durch den Zug und kontrollierte die Einwanderungskarten, die man bei der Einreise in Moskau ausgefüllt hat und seitdem mit sich herumschleppt. Und jetzt sind gerade zwei Uniformierte in unserem Abteil, ein Mann und eine Frau im Tarnanzug. Sie scheinen für Pass- und Zollkontrolle zuständig zu sein.

17.00 Uhr

Die Frau hat unsere Pässe eingesammelt. Ein weiterer Mann hat Zolldeklarationsformulare ausgeteilt, die wir ausfüllen müssen.

17.20 Uhr

Gerade wurde unser Abteil von außen von einem wiederum anderen Mann in grün zugeschlossen, wir sind also eingeschlossen, und jetzt klopft er an Tür und Wand herum. Hilfe! Zu allem Überfluss gewittert es jetzt auch noch wie verrückt. Ist so ein Zug eigentlich auch ein Faraday´scher Käfig? Und wie lange müssen wir jetzt wohl eingesperrt hier drin bleiben? Bei mir macht sich leichtes Unwohlsein breit…

17.30 Uhr

Die Tür ist wieder auf. Gott sei Dank! Ich stand kurz vor einem klaustrophobischen Anfall.

17.40 Uhr

Ein weiterer Mann war gerade hier. Er kontrollierte unsere Zolldeklaration. Es gab nur ein winziges Problem, ich hatte nämlich „Entry“ statt „Exit“ angekreuzt. Das korrigierte er großmütig.

Die Zolldeklaration wollte niemand sehen. Und es interessierte auch keinen, wie viel Fremdwährung ich nun tatsächlich bei mir habe und ausführe. Das ist ja wohl das Letzte! Meine größte Angst völlig unbegründet!

Dann kam noch ein Mann in unser Abteil, ausgestattet mit einer bedrohlichen Riesen-Taschenlampe. Er schraubte die komplette Deckenverkleidung ab und leuchtete in alle Ecken.

Somit waren mittlerweile sieben Menschen in unserem Abteil.

Jetzt gießt es.

17.42 Uhr

Gerade gab es einen Rums. Wir scheinen wieder eine Lok zu haben.

17.48 Uhr

Der Zug rollt los. Was heißt Zug? Kann man einen einzigen Waggon mit einer Lok vorne dran überhaupt so nennen?

18.00 Uhr

Jetzt sind wir wohl in der Mongolei. Jedenfalls hielt der Zug gerade für eine Minute auf freier Strecke, und an dem

Haus, das man sah, hing eine Flagge. Und jetzt stehen wir an einem kleinen Bahnhof.

Bei uns macht sich gerade eine gewisse Unzufriedenheit breit wegen dieser Zeitverschwendung. Wir sind ja sowieso nur so kurze Zeit in der Mongolei, da haben wir doch keine fünf Stunden zu verschwenden. Und es ist ja nicht so, dass es jetzt schnurstracks losginge. Gleich werden wir noch auf der mongolischen Seite kontrolliert.

Oder doch nicht? Der Zug fährt weiter.

18.10 Uhr

Zu früh gefreut. Wir haben von der Schaffnerin ein weiteres Zollformular bekommen.

18.28 Uhr

Wir fahren auf eine extrem hässliche Stadt zu, weit und breit nur verwahrloste Plattenbauten. Das muss Suche Bator sein.

18.35 Uhr

Gerade kam in unser Abteil eine unglaublich gut aussehende Frau im Militärlook, die die Einreiseformulare austeilte.

Ansonsten sind hier schon wieder so viele Menschen ein- und ausgegangen, dass ich keine Lust mehr habe, sie zu zählen.

18.46 Uhr

Es tut sich zwar nichts, aber das Handy geht wieder!

19.05 Uhr

Ab hier wird wieder gelächelt. Zwar wird der gleiche Affenzirkus wie auf russischer Seite veranstaltet. Aber wenn die Kontrolleure den Pass in der Hand halten, mit finsterer Miene Foto und zugehöriges menschliches Objekt vergleichen und man deshalb einfach grinsen muss, lachen sie plötzlich zurück.

19.18 Uhr

Vor unserem Fenster steht ein mongolisches Straßenkind und bettelt um Essen. Erst tat der Junge mir ja so leid und ich wollte schon meine letzte Fruchtschnitte opfern, aber als er dann anfing, mit voller Kraft aggressiv gegen die Zugwand zu donnern, reichte es mir.

19.40 Uhr

Ich weine gleich. Ohne Witz. Gerade stand ich im Gang, als ich das englische Paar aussteigen sah. „Wie können die das denn riskieren?“, fragte ich mich und schaute auf den Abfahrtsplan an der Wand. Wir fahren um 21.05 Uhr, in Worten einundzwanzig Uhr und fünf Minuten, weiter. Der Aufenthalt in Suche Bator beträgt also insgesamt mehr als zweieinhalb Stunden! Und dabei steht doch im Reiseführer: „Der Zug hält in Suche Bator nur ziemlich kurze Zeit“. Diese Aussage gilt wahrscheinlich für jeden Zug außer Nr. 264. Frau Kretschmann, was für einen Scheiß-Zug haben Sie uns ausgesucht??

19.50 Uhr

Gerade eben tauchten ein paar Typen in unserem Waggon auf, die Geld wechseln wollten, Rubel in mongolische Tugrig. Klar, so was machen wir nicht, da wird man ja nur betrogen, wie man weiß, aber interessehalber winkte Nina trotzdem einen Opa aus dieser Truppe heran, um den Kurs zu erfragen. Der qualmte uns erst einmal mit seiner filterlosen Zigarette die Bude voll, und dann war auch noch sein Kurs schlecht, ein Rubel für dreißig Tugrig, in Frau Kretschmanns frisch erschienenem und damit aktuellem Buch steht aber ein Kurs von eins zu sechsunddreißig. Also winkten wir ab.

Jetzt wollen wir es wagen, unseren Zug mal kurz zu verlassen, um die erste mongolische Luft zu schnuppern. Wird ja wohl nichts schiefgehen. Zumindest kann der Zug nicht so ohne weiteres ohne uns losfahren. Wir haben nämlich mal wieder keine Lok…

20.10 Uhr

Kulturschock! Wir stehen auf der Straße vor dem Bahnhof. Und sind plötzlich wirklich in Asien. Natürlich sind wir das rein geografisch schon die ganze Zeit, aber erst hier sehen wir das, was wir mit Asien verbinden. Da sind zum einen die Menschen. Auch wenn es in Sibirien die Burjaten mit ihren ebenfalls mongolischen Zügen gab, war das Bild doch trotzdem von europäisch wirkenden Gesichtern geprägt. Hier dagegen nicht ein einziges „weißes“ Gesicht. Dementsprechend starrte man uns auch sofort unverhohlen an, während sich in Russland ja weitestgehend niemand für uns interessiert hat. Auch die

Atmosphäre ist plötzlich eine ganz andere. Alles macht so einen lebendigen Eindruck, von Depro-Stimmung keine Spur mehr. Ein Riesengewimmel im und um den Bahnhof, Pferde auf der Straße, Menschen quellen durcheinander. Uns gefällt es ausnehmend gut hier.

21.00 Uhr

Jetzt geht es ja wohl bald los. Wir schütteln immer noch den Kopf über die für uns vollkommen unverständliche Warterei. Und hoffen, dass sich die Abfahrtszeit auf die bisherige Zeit, also die aus Irkutsk, bezieht. Denn in Ulan Bator beträgt der Zeitunterschied wieder nur vier Stunden gegenüber der Moskauer Zeit, das heißt, wir müssen die Uhren wieder zurückstellen. Wenn diese Zeit auch hier schon gilt, würden wir also noch eine Stunde hier hocken. Aber trotz intensiven Reiseführerstudiums konnten wir nicht feststellen, wo die Zeitgrenze verläuft.

21.20 Uhr

Juhu (ein sehr lahmer Juchzer), es geht los.

Was mir erst jetzt so richtig klar wird: Ich werde vom Zug aus nichts von der Mongolei sehen. Es ist inzwischen fast dunkel, und morgen kommen wir schon um kurz vor sechs Uhr morgens in Ulan Bator an. Das hatte ich mir komplett anders vorgestellt. Natürlich kann man mir vorwerfen, dass es eigene Dummheit ist. Natürlich hätte ich mir das alles im Vorfeld ausrechnen können. Trotzdem bin ich gerade einfach enttäuscht.

22. August – Ulan Bator

Freitag, der 22. August
05.47 Uhr (glaub ich jedenfalls)
Also, wir sind ja echt so Experten! Wie gesagt, die Zeitverschiebung in Ulan Bator beträgt laut Reiseführer gegenüber Moskau nur vier Stunden. In Irkutsk waren es ja fünf. Und nun wollten wir diesmal alles richtig machen und haben schon gestern Abend die Uhren um eine Stunde zurückgedreht. Obwohl wir uns gewundert haben, denn Ulan Bator liegt ja noch östlicher als Irkutsk. Hätten wir uns nur selbst vertraut. Denn in der Tat war das Zurückdrehen wohl falsch. Erneut, wie schon in Taischet, wurden wir rüde geweckt: Wir würden gleich ankommen, also bitte sofort aufstehen! Und das um 4.25 Uhr nach unserer Zeit. Da die Ankunftszeit aber 5.50 Uhr ist, war es tatsächlich wohl schon 5.25. Uhr. Oder wie jetzt? Ach, was weiß denn ich. Mir reicht`s gerade. Bin todmüde. Draußen ist es stockdunkel.

06.32 Uhr
Ulan Bator. Hinten in einem Bulli.

Menschen über Menschen, Chaos, die Autos scheinen ohne jede Regel quer durcheinander zu fahren. Unsere Abfahrt vom Bahnhofsvorplatz gestaltet sich deshalb gerade schwierig. Wir kommen einfach nicht raus aus dem Fahrzeugknoten.

Am Bahnsteig wurden wir abgeholt von einem jungen dünnen Mann mit Baseballcap, der sich John nennt, gut

Englisch spricht und freundlich ist. Er sitzt auf dem Beifahrersitz. Am Steuer ein älterer Herr.

07.12 Uhr

Ab und zu kommen wir mal zu Bewusstsein, und dann müssen wir sehr kichern. Darüber, wie wir immerzu aus irgendeinem Verkehrsmittel ausgespuckt, abtransportiert und wieder ausgespuckt werden, dann klaglos in unglaublicher Umgebung hocken und merkwürdiges Essen in uns hineinstopfen.

So wie im Moment. Wir sitzen nebeneinander in einem Wohnzimmer vor einem schmalen Tisch, der direkt an der Wand steht. Oder besser gesagt vor einem Spiegel. Die komplette Wand ist verspiegelt. Wie beim Friseur unterhalten wir uns sozusagen durch den Spiegel. Und müssen feststellen, dass wir wie zwei Nachtgespenster aussehen.

Das Frühstück, das vor uns steht, würde bei uns zu Hause als vollkommen normal durchgehen. Vor mir steht nämlich ein Glas Erdbeermarmelade von der Firma Göbber, hergestellt im wunderschönen Eystrup in Niedersachsen, und Nina vergnügt sich gerade mit einem Glas „Alisa-Praline-Nussnougatcreme". Den Kaffee trinken wir aus grünlich changierenden Tassen mit griechisch-antiker Abbildung von jagenden Jünglingen. Ein Blick auf die Unterseite der Untertasse verrät: Made in DDR. Ein deutsches Frühstück also.

Die Wohnung dagegen würde man so in Deutschland wohl eher nicht finden, so farbenfroh wie sie gestaltet ist. Die Tür vom Bad zur Küche ist orange, die zum Flur lila, die vom Flur zum Wohnzimmer giftgrün. In der Wohnzimmervitrine hinter uns steht viel buddhistischer Nippes, wenn man das mal so respektlos sagen darf. In unserem Schlafzimmer dagegen prangt Brad Pitt gegenüber einem röhrenden Hirschen.

So fröhlich die Wohnung, so trist das Haus. Ein Hochhaus, grau mit abgebröckeltem Putz, ähnlich schäbig wie die Unterkunft in Irkutsk bei Galina.

Empfangen wurden wir von einer jungen hochschwangeren Frau, sehr freundlich und lächelnd, leider mit einem Englisch, das mal wieder nur für die allernotwendigste Verständigung reicht.

07.59 Uhr

Frisch geduscht! Im Bad waren lauter deutsche Produkte, Shampoo von Schauma, Nivea Duschöl, Saptil+Bürste-Waschmittel.

Das Bad ist übrigens ein Durchgangszimmer; geht man hindurch, gelangt man vom Flur in die Küche. Von dieser geht ein weiterer Raum ab, in den unsere Gastgeber während unserer Anwesenheit offensichtlich ausgewichen sind. Jedenfalls liegt die schwangere Frau dort mit einem Mann schlafend auf einem ausgeklappten Schlafsofa.

Ich habe vorhin den „Abholer“ John nach dem Wetter hier gefragt, und er sagte „hot“ am Tag und „cold“ in der Nacht. Was soll man denn nur gleich zur Stadt- und Klosterbesichtigung anziehen? Und was einpacken, wenn wir heute Nachmittag ins Naturschutzgebiet Tereldsch fahren und dort dann in einer Jurte übernachten? Ich hab ja nichts für „cold“, wie ich im eisigen Krasnojarsk feststellen musste.

11.00 Uhr

Wir sind schon wieder in zurück in der Wohnung. Jetzt ist nämlich etwas passiert, was bei einer so straff durchorganisierten Reise nicht passieren darf: Nina ist krank. Durchfall mit schlimmen Magenkrämpfen. Schon seit heute morgen, aber sie erwähnte es erst nicht, weil sie hoffte, es würde sich vielleicht regeln. Tat es aber nicht, sondern wurde im Laufe der Stadtführung immer schlimmer, bis sie nur noch apathisch neben mir herlief. Wir beschlossen, die Führung abzubrechen und uns vor der Fahrt nach Tereldsch, das Naturschutzgebiet, noch auszuruhen. Was wir jetzt auf unseren schmalen Betten unter dem prüfenden Blick von Brad Pitt tun.

Sehr traurig über den Abbruch der Stadtführung sind wir ehrlich gesagt nicht. Unsere Reiseführerin Anna, eine junge Frau in T-Shirt, Jeans und Sonnenbrille, sprach zwar gut Englisch, wusste aber ansonsten offensichtlich nicht so richtig, was eine Reiseführerin zu tun hat. Nämlich den Touristen an eine sehenswerte Stelle führen und ihm darüber dann etwas erzählen.

Zunächst ging es noch passabel los. Auf dem Kretschmann`schen Reiseplan als erster Punkt der Stadtführung vorgesehen war das Gandan-Kloster, ein aktives lamaistisches Kloster. Anna meinte allerdings, es sei zu weit zum Laufen, ein Taxi sei angebracht. Wir sagten ihr, dass wir noch kein Geld getauscht hätten und fragten, ob sie das Taxi erst einmal für uns bezahlen könnte, wir würden es ihr wiedergeben, sobald wir an eine Bank kämen. Sie nickte zwar, war aber wohl nicht wirklich einverstanden. Denn als wir am Kloster ausstiegen, bezahlte sie nicht, sondern wies den Fahrer an, auf uns zu warten. Und gab uns während der Besichtigung das Gefühl, einfach nur schnell wieder weg zu wollen. Sie trottete nur schweigend vor uns her und erklärte von sich aus gar nichts. Auf Ninas Nachfrage, wer denn die riesige Statue sei, eine goldene Gottheit mit vier Armen, über zwanzig Meter hoch, gab sie zwar ein paar erklärende Sätze von sich, danach aber war wieder Schweigen im Walde.

Von dieser Lustlosigkeit angesteckt beschlossen wir recht schnell, das Kloster zu verlassen. Beim Taxi angelangt wurde sie wieder munter und gab die Anweisung, sofort zur Wechselstube zu fahren. Dort tauschten wir unsere übrigen Rubel in Tugrig; der Kurs betrug übrigens eins zu siebenunddreißig. Wir waren kaum draußen, da forderte sie uns auf, jetzt doch bitte das Taxi zu bezahlen. Wir würden nämlich zu Fuß weitergehen. Sie hatte das Taxi also nur warten lassen, um das Geld nicht für uns auslegen zu müssen. Und jetzt mussten wir die ganze Wartezeit mitbezahlen. Nina und ich tauschten erboste Blicke, aber als wir feststellten, dass die Fahrt nur tausendzweihundert Tugrig, also ungefähr einen Euro kostete, ließen wir es gut sein.

Wir waren gespannt, was wir nun besichtigen würden. Das war die gute Anna selbst aber wohl auch. Denn *sie* fragte *uns*, was wir denn sehen wollen. Keine Ahnung! Wenn man weiß, dass man eine Stadtführung hat, studiert man doch den Reiseführer nicht vorher ausgiebig. Oder?

Zuerst dachte ich noch, dass sie nur herausfinden will, ob wir spezielle Interessen haben, Museums-Fans sind vielleicht, ansonsten aber ihre Standardtour hat. Aber auch auf unsere Ratlosigkeit hin kam von ihr keine Aktivität, und so standen wir drei stumm auf einem Bürgersteig herum. Nach einer Weile durchbrach Nina das Schweigen mit einem „Perhaps the city? The main street?"

Anna zockelte ohne Kommentar los, wir hinterher. Irgendwann bogen wir ab, kamen auf eine sehr verkehrsreiche Straße mit Restaurants, Geschäften und einem großen Postgebäude. Die Haupt-Einkaufsstraße? Vielleicht. Wir hatten keine Lust zu fragen. Außerdem ging es Nina immer schlechter, sie ging schon ganz gebeugt vor Bauchkrämpfen, und ich machte mir eher Gedanken darüber.

Dann gelangten wir zum Suche-Bator-Platz, über den ich schon gelesen hatte. Ein riesengroßer Platz, eingerahmt von monumentalen Gebäuden, dem Parlament, der Börse und der Oper. Auch diesmal hatten wir wieder Pech: Der gesamte Platz war von einem riesigen Bauzaun umgeben. Die Statue des Volkshelden Suche Bator konnten wir nur sehen, indem wir uns auf eine zufällig herumstehende Kiste schwangen und mit wackeligen Beinen über die Holzbretter lugten.

Ja, und dann reichte es Nina. Die Führung war schlecht, ihr war schlecht, sie wollte ins Bett. Das teilten wir Anna mit, und zumindest da wurde sie ein wenig lebendig und hatte wirklich Mitgefühl. Auf dem Nachhauseweg gingen wir auf unseren Wunsch noch in einen Supermarkt, wir haben ja nichts mehr zu essen und trinken. Hier überraschte uns wieder eine Riesenauswahl an Westprodukten wie Gemüsesaft von Albi, und schwer bepackt gingen wir „nach Hause“.

12.30 Uhr

Nina hat zwar geschlafen, aber besser geht es ihr beileibe nicht. Woher das wohl kommt? Das einzige, was uns einfällt, sind die Tomaten vom Markt in Nauschki, die haben wir unabgewaschen gegessen. Aber andererseits: Mir geht es ja blendend. Oder ist es einfach der Reisestress? Denn ein Erholungsurlaub ist das hier ja nun wirklich nicht. Ich bin inzwischen schon ganz hohlwangig.

Wir haben jetzt fast eine halbe Stunde lang diskutiert, was wir machen sollen. Denn eine stundenlange Fahrt über Stock und Stein, wahrscheinlich wieder in einem Bulli ohne Federung, keine Toilette weit und breit und eine Nacht in einer Jurte, ebenfalls wohl ohne Örtlichkeiten (so ein hübsches Wort), ist in Ninas Zustand eine Horrorvorstellung. Aber auf diese Fahrt und vor allem das Übernachten in einer Jurte hatten wir uns doch so besonders gefreut!

„Trotz allem erst mal losfahren und gucken, ob es nicht doch gut geht?“ Ninas Vorschlag. Ihre Kämpfernatur war noch nicht besiegt. Ich allerdings war skeptisch.

„Du fährst allein und ich gehe ins Hotel?“ Ninas Vorschlag nur wenige Minuten später, nach einem erneuten Zwangs-Toilettengang, von dem sie ganz blass und kleinlaut zurückkehrte.

„Wir gehen beide ins Hotel und fahren erst morgen nach Tereldsch. Dann machen wir eben nur einen Tagesausflug da hin, ohne Jurtenübernachtung." Mein Vorschlag. Und so machen wir es jetzt.

14.20 Uhr

Herrlich! Wir liegen ausgestreckt auf unseren King-Size-Betten im Hotel Chinggis Khan, laut Reiseführer dem luxuriösesten des Landes. Wenn schon, denn schon! Das Zimmer kostet 113 Dollar.

Wie geplant pünktlich um dreizehn Uhr kam John, um uns abzuholen, und wir teilten ihm unser Problem mit. Er nahm die Planänderung gelassen hin und rief freundlicherweise auch im Hotel an, um nach einem Zimmer zu fragen. Zuvor hatte er uns sogar angeboten, doch einfach hier in der Wohnung zu bleiben und auch zu übernachten, das sei kein Problem, aber dagegen hatten wir uns schon vorher entschieden. Nina ist es zu unangenehm, ständig das Bad der Leute hier zu blockieren, und das kann ich gut verstehen.

Als wir mit Sack und Pack nach unten gingen, wartete vor der Tür tatsächlich ein Bulli auf uns, am Steuer ein Opa, und auf dem Beifahrersitz wieder Anna! Diesmal mit einem Kind auf dem Schoß. Wir waren gleich ein bisschen weniger traurig über unsere Absage, denn stumme Reiseleitung hatten wir für diesen Tag schon genug gehabt.

Und geradezu erleichtert über unsere Entscheidung waren wir, als wir auf dem Weg zum Hotel in den Genuss des Fahrstils von Opa kamen. Wirklich, wie ein Henker fuhr der. An rote Ampeln ranbrettern und dann radikal abbremsen, in Kurven die andere Straßenseite mitbenutzen, mit Karacho über Huckel in der Straße heizen und alle Insassen zum Hopsen bringen. Das scheinen seine Freuden des Alters zu sein. Also, wie gesagt, herzlichen Glückwunsch zum weisen Entschluss, Nina und Toni!

17.40 Uhr
Wir schlendern auf eigene Faust durch Ulan Bator und haben eine brennende Frage: Was um alles in der Welt sind das für Menschen, die hier überall am Straßenrand sitzen und ein Telefon auf dem Schoß haben?

17.53 Uhr
Die Antwort: Es handelt sich sozusagen um lebende Telefonzellen! Wir haben gerade beobachtet, wie ein Mann im Anzug an eine Oma mit Telefon auf dem Schoß herantrat und ihr Geld gab, woraufhin sie ihm den Hörer reichte und er lostelefonierte. Na so was! Aber so ein Telefon muss doch einen Anschluss haben. Ist ja schließlich kein Handy. Ich versteh das nicht.

17.57 Uhr
Worüber Nina sich maßlos ärgert: Die Damen und Herren Telefonzellen lassen sich einfach nicht fotografieren. Entweder drehen sie sich blitzschnell weg oder sie halten sich die Hand vors Gesicht. Erklärung eins: Es ist wie in China, und die – zumeist älteren – Menschen haben Angst, dass man ihnen durch das Fotografieren die Seele nimmt. Erklärung zwei: Ihre Tätigkeit ist nicht legal.

Nina geht es jetzt schon viel besser, nachdem wir einen ausgiebigen Mittagsschlaf hingelegt haben. Vielleicht war Überanstrengung wirklich des Rätsels Lösung.

Wir erkunden gerade auf eigene Faust Ulan Bator, „die kälteste Hauptstadt der Welt". Was man sich momentan kaum vorstellen kann, denn es ist herrlichster Sommer. Strahlendblauer Himmel, 25 Grad warm, eine ganz leichte Brise. Perfekt.

18.37 Uhr

Wir haben einen neuen Freund. Er ist schwarzhaarig, mittelgroß, humpelt ein bisschen und scheint sich in uns verliebt zu haben. Jedenfalls weicht er uns seit zwanzig Minuten nicht mehr von der Seite. Kennen gelernt haben wir ihn bei unserem Versuch, eine extrem verkehrsreiche Kreuzung zu überqueren. Da stellte er sich dicht neben uns und machte alles nach, was wir so veranstalteten: Einen zögernden Schritt auf die Straße setzen, den Fuß wieder zurückziehen, nervös am Straßenrand hin und her gehen. Und als wir dann irgendwann völlig genervt einfach losrannten, vertraute er uns blind und rannte mit. Mein erster Gedanke war, dass er uns einfach nur als Überquerungshilfe benutzt hatte, aber da er uns auch danach treu blieb, ist Ninas Erklärung vielleicht doch die richtige: Sie glaubt, er liebt uns, weil wir mit unseren ungewaschenen Klamotten genauso streng riechen wie er. Unser anhänglicher Freund ist nämlich – ein mongolischer Straßenhund.

Jetzt gerade sitzen wir in unserer neuen Dreierkonstellation vor einem Denkmal, das hinter dem Klostermuseum steht, unserem eigentlichen Ziel. Doch der Eintrittspreis von zwei Dollar plus fünf (!) Dollar für eine Foto-Erlaubnis ließen uns von einem Kurzbesuch dort absehen. Wir wollten ja nur einen kurzen Blick reinwerfen. Nun sind wir etwas ratlos, was wir machen sollen. Denn auch wenn Ulan Bator die Hauptstadt ist, so scheint sie nicht viel Sehenswertes zu bieten. Viele Hochhäuser, breite Straßen, reichlich Verkehr. Und wenig lohnende Foto-Objekte. In unserer Verzweiflung knipsen wir uns schon gegenseitig beim Sitzen auf steinernen Schildkröten.

19.20 Uhr

Hoffentlich geht das gut! Nina hat gerade eine reichlich fettige Pizza verschlungen. Ich hatte ihr zwar vorgeschlagen, es doch erst einmal ganz langsam mit Reis zu versuchen, aber sie war so ausgehungert und gierig, dass sie alle Vorsicht in den Wind schlug. Mein „Mongolischer Reis“ mit Fleischstreifen, Paprika und Erbsen wäre allerdings für sie auch nicht besser gewesen, der war nämlich unerwartet scharf. Aber lecker.

Zu uns genommen haben wir das alles gerade im „Khan Bräu Biergarten“. Dieser deutsche Name steht an dem Restaurantgebäude, auf dessen Terrasse unter großen Sonnenschirmen Holztische und lange Holzbänke aufgestellt sind. Außer uns sitzen hier fast ausschließlich andere westliche Touristen herum. Würde nicht wenigstens die Bedienung asiatisch aussehen, man könnte sich wirklich in Bayern wähnen. Folgerichtig steht vor mir auch ein Halbliterhumpen Bier, natürlich ein Khan Bräu.

Frau Kretschmanns Reiseführer entnehmen wir, dass „Khan Bräu“ ein deutsch-mongolisches Joint Venture ist.

„Unser“ Hund ist uns inzwischen abhanden gekommen. Ihm war wohl klar, dass er nicht mit auf die Restaurant-Terrasse darf. Wahrscheinlich hat er da schon einschlägige Erfahrung. Jedenfalls blieb er stehen, als wir die Stufen hochgingen, setzte sich dann in einiger Entfernung auf den Bürgersteig und guckte immer treuherzig zu uns rüber, was mein Hundeherz stark bluten ließ. Aber irgendwann war er plötzlich weg.

Jetzt gerade haben wir die Rechnung bekommen. Wir müssen insgesamt neuntausend Tugrig, also sieben Euro für zwei Essen, ein großes Bier und eine Apfelschorle bezahlen. Da kann man nicht meckern.

20.35 Uhr

Ulan Bator, abends halb neun – Ninas Magen hält. Das lässt hoffen für den Ausflug nach Tereldsch morgen.

Das Hotelzimmer zwei Türen links neben uns, Nr. 311, ist versiegelt! Was da wohl passiert ist? Ein Mord? Von dieser gruseligen Nachbarschaft aber vollkommen unbeeindruckt liegen wir wieder ausgestreckt auf unseren breiten, weichen Betten.

Ja, was gibt es zu noch zu sagen über Ulan Bator? Es ist ganz merkwürdig: Obwohl es hier „richtig“ asiatisch ist, mit fremdartig aussehenden Menschen, Verkehrschaos und eigenartigen Dingen wie besagten menschlichen Telefonzellen, fühlen wir uns heimischer als in Sibirien. Liegt es einfach daran, dass wir letztes Jahr in China waren und vieles uns deshalb hier vertraut erscheint?

Oder an all den westlichen Produkten, die es zu kaufen gibt? An den vielen Werbeplakaten in englischer Sprache? Ist es schlichtweg das Wetter? Die strahlende Sonne am wolkenlosen Himmel, die alles fröhlich und lebendig erscheinen lässt? Sicher trägt alles dazu bei, aber es ist mehr. Es ist die andere Atmosphäre. Mal ganz primitiv zusammengefasst: Sibirien ist melancholisch, die Mongolei ist fröhlich. Sibirien ist grau, die Mongolei ist blau. Sibirien steht still, die Mongolei ist in Bewegung. Aber vielleicht darf man Ulan Bator nicht mit Sibirien vergleichen, sondern muss es an Moskau messen. Hauptstadt an Hauptstadt. Und Moskau war ja schließlich auch sehr lebendig.

Wie dem auch sei, eine Erklärung für unser neues Wohlgefühl hab ich noch in petto. Wir bewegen uns hier viel selbstverständlicher und freier, weil wir einfach keine Angst mehr haben vor Polizisten oder anderen Uniformierten, die uns kontrollieren und Geld abkassieren wollen. Ich weiß ja nicht, ob all die Schauergeschichten über Russland aus Frau Kretschmanns Reiseführer Allgemeingültigkeit haben oder traurige Einzelfälle waren. Jedenfalls war ich durchgehend angespannt und habe immer wieder kontrolliert, ob ich auch Pass, Einreisekarte und Zolldeklaration dabei habe. Hier dagegen habe ich „nur" Angst vor Taschendieben. Aber die hab ich überall.

22.20 Uhr

Herrlich, frisch geduscht mit gewaschenen Haaren. Ich kann mir kaum vorstellen, dass es erst heute Morgen war, dass wir mit Schatten unter den Augen am Bahnhof standen. Übrigens habe ich festgestellt, dass es für uns keine andere Möglichkeit gab, als mit dem Zug Nr. 264 in die Mongolei zu fahren. Die „besseren" Züge Nr. 4 und Nr. 6 fahren nur samstags und sonntags, und da wir Frau Kretschmann ganz klare Zeitvorgaben gemacht haben, ging es nicht anders. Es wäre halt nur schön gewesen, wenn wir schon vorher gewusst hätten, wie lange wir an der Grenze würden warten müssen und vor allem, dass es keinen Speisewagen gibt.

23. August – Im Tereldsch

Samstag, der 23. August
9.35 Uhr

Das Frühstück hier im Hotel war merkwürdig. Am Buffet gab es fast nur warmes Essen – Suppe, Reisgerichte, Eier. Das war für uns zu so früher Stunde doch nicht ganz das Wahre, und so mussten wir uns beschränken auf Toast mit Marmelade. Der Toaster allerdings war eine Sensation, riesengroß und mit gleich vier Schlitzen versehen. Leider hielt aber seine Technik nicht, was sein Äußeres versprach. Ich wage zu behaupten: Im Hotel Chinggis Khan in Ulan Bator steht der Welt langsamster Toaster.

Der auch noch schuld daran ist, dass ich mich wieder einmal über mein schlechtes Englisch ärgern musste. Ich hatte gerade eine Weißbrotscheibe in dieses Gerät verfrachtet und stand mit verschränkten Armen wartend davor, als ein ausgesprochen attraktiver amerikanischer Herr mit graumeliertem Haar hinzutrat und charmant fragte, ob für sein Toast denn auch noch Platz sei, was ich natürlich bejahte. Die gemeinsame Wartezeit wollte er mit Plaudern überbrücken. Was ja ganz in meinem Sinne gewesen wäre, wenn ich ihn denn nur verstanden hätte. Und so musste ich ihn dann verlegen lächelnd darum bitten, doch bitte langsamer zu sprechen. Was er zwar freundlich zusagte, aber nicht wirklich tat. Und so verstand ich nur, dass er aus Missouri stammt und hier in der Mongolei in der Wüste war, während ich stammelnd erklärte, dass wir in diesem Hotel gelandet wären, weil Nina

„ill“ gewesen sei. Aber selbst das war nicht richtig, wie sie mir später erklärte: Ich hätte „sick“ sagen müssen.

Nina dagegen hatte in der Zwischenzeit bereits alles Wesentliche herausgefunden. An dem großen runden Tisch, an dem wir frühstückten, saßen uns zwei Männer aus Brasilien gegenüber. Die beiden gehörten zu demselben Team wie mein Amerikaner. Dieses Team war in die Mongolei gereist, um in der Wüste Gobi eine Goldmine zu kaufen! Sie waren gerade für ein paar Tage dort gewesen. Allerdings waren sie etwas bedient, weil es nur geregnet hatte.

Zum Trost für mein Versagen in Sachen internationaler Kommunikation habe ich mir dann im Hotel-Souvenirshop einen kleinen Lederbeutel für sieben Dollar gekauft.

Jetzt warten wir darauf, abgeholt zu werden, um dann unseren Trip ins Naturschutzgebiet nachzuholen.

9.50 Uhr

Kommunikative Reiseleitung wird es auch heute nicht geben: Wieder Anna. Wieder mit Kind. Diesmal reisen wir aber nicht mit dem Bulli, sondern mit einem normalen Auto, einem Hyundai. Wenigstens ist uns der wahnwitzige Opa erspart geblieben, stattdessen fährt ein sehr dicker und sehr missgelaunter junger Mann, der uns komplett missachtet.

11.40 Uhr

Wirklich: Sehr, sehr schön ist es hier im Tereldsch. Zunächst war die Strecke ein wenig öde, flach und mit vielen Stromleitungen verschandelt. Aber dann wurde es immer hügeliger und grüner und irgendwie ... saftiger. Und immer wieder tauchten merkwürdige Felsformationen auf, die fast künstlich erscheinen. Wie zum Beispiel der Turtle Rock, der wirklich wie eine riesige Schildkröte aussieht. An dessen Fuß kann man auf Yaks reiten, eine Art Büffel mit furchteinflößenden Hörnern. Oder der Felsen in Form eines Hundehaufens, auf den man hinaufkraxeln und dann in eine kleine Höhle gucken kann. Und an dessen Fuß Kamele zum Reiten bereitliegen.

Ab und zu sieht man Ansammlungen von vielen eng zusammenstehenden Jurten am Wegesrand. Wie Anna uns erklärte – natürlich nur auf unsere Nachfrage – handelt es sich dabei um Touristencamps.

Wir waren interessiert, uns so ein Camp einmal kurz anzusehen und hielten dann bei einem an, dessen besonderer Clou in überall aufgestellten riesigen Dinosaurier-Figuren bestand. Wir konnten dort unbehelligt herumlaufen und spähten in eine Jurte hinein. Ringsum am Rand des runden Zeltes waren Betten aufgestellt, in der Mitte prangte ein Ofen, daneben standen ein Tisch und Stühle. Das war`s. Bei unserer Reiseplanung hatten wir uns auch mal mit den organisierten Reisen durch die Mongolei befasst; bei diesen Reisen ist man überwiegend auf diese Weise untergebracht. Na ja.

Die Fahrt an sich verläuft ganz nett, der muffige Fahrer fährt zwar flott, aber nicht beängstigend. Trotzdem wird Annas kleiner Tochter immerzu schlecht und wir müssen ständig anhalten, damit sie sich am Straßenrand übergeben kann. Als ich einmal nicht schnell genug in die andere Richtung schaute, sah ich, dass das, was da rauskam, pinkfarben war. Was hat die Anna dem Kind bloß zu essen gegeben? Die arme Kleine ist schon ganz geschwächt und schämt sich auch sehr, aber leider können wir ihr ja kein tröstendes Wort sagen, mehr als freundliches Lächeln ist nicht möglich.

12.20 Uhr

Nun sind wir dort angelangt, wo wir laut Reiseplan letzte Nacht hätten übernachten sollen. Was für ein Glück, dass wir uns für das Hotel entschieden haben! Ich hatte so eine wild-romantische Vorstellung von der „Übernachtung in einer Jurte", irgendwo weitab von der Zivilisation, nur diese eine Jurte und rundherum nichts als Natur. Und nun befinden wir uns mitten in einem Dorf, auf einem mit Bretterzaun abgegrenzten Grundstück mit einer Holzhütte. Drei kleine Jurten stehen im Garten. Die Familie, die hier lebt, wohnt in der Hütte, und die Jurten sind nur für Touristen aufgestellt. Von wegen Übernachten in der Wildnis. Ist ja wie früher das Zelten bei den Eltern im Garten. Also echt!

Als wir ankamen, stand ein ungefähr dreijähriges Mädchen mit abstehenden Zöpfen am Tor und brach bei Ninas und meinem Anblick in bittere Tränen aus. Ist ja auch ein Schock, zwei Riesinnen mit weißen Haaren und Augen rund und groß wie ein Teller. Die beiden Geschwister, ein ungefähr achtjähriges Mädchen und ein ganz kleines Kind, Geschlecht für uns nicht identifizierbar, reagierten etwas gefasster.

Dann gibt es hier noch einen älteren Herrn, vermutlich der Großvater, und eine junge Frau, wohl die Mutter. Dass die an uns sehr interessiert wären, kann man nicht wirklich behaupten. Alle außer uns beiden sind jetzt in der Hütte und bereiten das Essen zu. Ich würde ja auch gerne da drin hocken und zugucken oder auch helfen, aber unausgesprochen war klar, dass das irgendwie nicht angebracht ist. Liegt es eigentlich an uns, dass Anna immer nur auf unsere direkten Fragen antwortet und dann wieder in dumpfes Brüten verfällt? Und dass diese Herrschaften auch so gar nicht neugierig auf uns sind? Oder ist das die mongolische Mentalität?

Jedenfalls hocken wir nun in diesem Garten rum, sitzen vor einer der Jurten und langweilen uns. Warm ist es auch nicht gerade. Vorhin war es ja noch so strahlend, aber jetzt ist alles grau.

Interessanterweise funktioniert das Handy hier.

13.15 Uhr

Mann, was machen die nur so lange? Uns ist so was von sterbenslangweilig! Und nun hat es auch noch zu regnen angefangen. Wir haben uns in eine Jurte geflüchtet, und Nina knipst vor lauter Tristesse schon jedes Bett.

14.20 Uhr

Also, das war ja jetzt auch wieder merkwürdig. Anna rief uns in die Hütte, und dort in der Mitte stand ein sehr niedriger roter Tisch mit zwei grünen Schemeln, gedeckt nur für zwei. Hier sollten wir uns nun niederlassen, sagte Anna. Sie selbst setzte sich mit ihrem Kind auf ein Sofa. Unser muffiger Fahrer, der zuvor die ganze Zeit im Auto geschlafen hatte, knallte sich auf das Bett hinter mir. Die junge Frau, die wir schon zuvor gesehen hatten, hockte zusammen mit einer weiteren Frau in der Ecke und wusch in einer Schüssel die Töpfe ab. Keiner der Erwachsenen aß etwas. Nur die Kinder der Familie – es waren plötzlich noch einige Kinder mehr dort – bekamen einen kleinen Teller mit trockenem Reis. Wir dagegen hatten Reis mit sehr kleingeschnippeltem Rindfleisch, dazu Salat, ebenso kleingehackt. Außerdem noch Weißbrot und so etwas wie kleine Croissants, dazu Butter und Marmelade sowie Tee. War sehr lecker alles, muss ich sagen, aber es war natürlich sehr unangenehm, als Einzige zu essen, während alle anderen zusahen.

Ein wenig wurde die etwas angespannte Atmosphäre aber aufgelockert durch einen kleinen Jungen. Die uns unbekannte Frau setzte ihn auf seinen orangefarbenen Pinkelpott in Schildkrötenform und platzierte ihn direkt neben unseren Tisch. Nach anfänglichem Erstaunen freute er sich sehr über unser fremdartiges Aussehen, was wiederum auch die anderen zu erfreuen schien. Jedenfalls wurde ein bisschen gelacht.

Wir hatten zunächst die Vermutung, dass es sich bei den Leuten um Annas Verwandte handelt, aber auf unsere Nachfrage verneinte sie das. Das sei einfach eine Familie, die mit ihrer Agentur zusammenarbeiten würde. Sie leben mit sechs Personen in diesem einen Raum mit drei Betten und einem Sofa (und einem Fernseher). Die Toilette übrigens ist ein Plumpsklo am anderen Ende des Gartens, aber nicht als Hocktoilette, sondern mit Toilettenbecken.

14.50 Uhr

So, nachdem wir nun eine ganze Weile vergeblich darauf gewartet haben, dass uns unsere Reiseführerin vielleicht mal einen Programmpunkt vorschlägt, haben wir uns jetzt zu einem Spaziergang auf eigene Faust entschlossen – natürlich nicht ohne uns bei Anna abzumelden. Sie schien sehr erfreut über unsere Eigeninitiative.

15.15 Uhr

Diese Landschaft schreit danach, per Pferd erobert zu werden. Wir haben schon einige reitende Einheimische und auch eine Touristen-Reitgruppe gesehen. Da waren wir direkt ein bisschen neidisch. (Auch wenn ich ja gar nicht reiten kann. Aber diese mongolischen Pferde sind so schön klein und sehen sehr freundlich aus. Versuchen würde ich das ja doch wohl mal wollen).

15.45 Uhr

Also, wie schnell ein Wunsch Wirklichkeit werden kann! Gerade eben durfte ich doch glatt auf einem mongolischen Pferd sitzen! Geritten bin ich allerdings nicht, denn der Besitzer – ein zufällig vorbeikommender Nachbar unserer „Gastgeber“ – warnte, dass das Pferd doch ein bisschen wild sei. Dieser Herr sah übrigens einfach toll aus, mit einer türkisfarbenen Kutte mit orangefarbenem Gürtel, langen Stiefeln und einem schwarzen Hut auf den grauen Haaren. Das einzig Moderne an ihm war ein Hörgerät. Wir haben ihn denn auch mit großer Begeisterung fotografiert, was er sich recht stolz gefallen ließ. Als Entlohnung für sein Modeln bat er darum, einen Abzug der Fotos zu bekommen. Er sorgte dafür, dass die dolmetschende Anna uns ihre Adresse aufschreibt, damit sie ihm die Bilder dann vorbeibringt.

18.20 Uhr

Zurück in Ulan Bator.

Nach exakt 23 Stunden sitzen wir wieder im Khan Bräu. O-Ton Nina: „Wir kennen hier ja echt schon jede Gestalt“, nachdem uns derselbe Kellner von gestern bedient hat (der uns seinerseits allerdings nicht erkannt hat. Null Reaktion auf unser erfreutes Wiedersehens-Lächeln.)

Ulan Bator, die kälteste Hauptstadt der Welt. So der Reiseführer. Ulan Bator, die toteste Hauptstadt der Welt. So wir. Denn es ist doch unglaublich, dass man schon am zweiten Tag das Gefühl hat, nichts mehr entdecken zu können. Einzige Ausnahme: Der Supermarkt „La belle France“, gleich um die Ecke vom „Centre des etudes de la langue francaises“, überraschte uns mit seinem Warenangebot fast ausschließlich französischer Herkunft.

20.52 Uhr

Mit unserer Gastfamilie (wir sind wieder bei den Leuten mit den bunten Türen) ist das auch eine spannende Sache. Jedes Mal öffnet uns eine andere Person. Vorhin, als wir aus Tereldsch zurückkamen, war es ein junger Mann ohne jegliche Englischkenntnisse, jetzt gerade eben eine junge

Frau mit randloser Brille und bestem Englisch, die insgesamt sehr gebildet wirkt. Sie erzählte uns, dass sie gerade aus China zurückgekehrt sei, wo sie mit drei Freunden eine Woche lang gewesen war. So wie wir im letzten Jahr wunderte auch sie sich über die extremen Kommunikationsprobleme, weil dort kaum ein Mensch Englisch spricht. Und sie und ihre Freunde hatten große Probleme, überhaupt zurückzukommen, weil mit ihrem Zugticket nichts richtig klappen wollte. Interessant, dass jemand aus dem Nachbarland von China dort genauso wie der Ochs vorm Berge steht wie wir aus 9.000 Kilometern Ferne.

21.30 Uhr

Gerade hatten wir einen Anruf von unserem „Abholer“, der übrigens in Wirklichkeit Bat heißt und nicht John – das ist nur sein Name für die Touristen. Er teilte uns mit, dass wir morgen früh um 7.50 Uhr abgeholt werden. Und dann bat er darum, noch kurz mit seiner Schwester sprechen zu dürfen. Welches dann die Schwangere war. Aha. Das war uns vorher auch nicht klar, dass er ein Verwandter des Hauses ist. Die China-Rückkehrerin ist auch eine Schwester der Schwangeren, wie sie uns mitteilte. Und im Wohnzimmer sitzen jetzt gerade zwei ältere Herrschaften, die dort essen. Das dürften dann die Eltern sein. Ob die alle hier wohnen? Und wessen Zimmer wir wohl gerade in Beschlag haben?

24. August – Zurück nach Deutschland

Sonntag, 24. August
9.10 Uhr

Puh, der Abgang aus diesem Land hat sich noch mal sehr anstrengend gestaltet.

Schon die Fahrt zum Flughafen war ein Horror. Fahrer war wieder der uns schon bekannte Opa mit dem Bulli. Anscheinend wollte er noch mal alles geben und heizte so rasant um die Ecken, dass selbst mein sonst so stabiler Magen sich meldete. Und an einer Ampel ging er so dermaßen in die Eisen, dass Nina von ihrem Sitz hochflog und auf die gegenüberliegende Sitzbank bzw. auf die dazwischen stehenden Koffer geschleudert wurde. Man muss es noch mal sagen: Was für ein Glück, dass wir uns entschieden haben, im Hotel zu übernachten und unser Leben nicht in die Hände dieses Kamikazefahrers zu geben. Und dann brachte der Idiot uns auch noch zur falschen Halle, nämlich zur Ankunft statt zum Abflug. Wir bemerkten das sofort, aber er verstand uns einfach nicht, als wir ihm klarmachen wollten, dass er eine Etage höher fahren müsste.

Im Flughafengebäude angekommen wollten wir dann den Fahrstuhl benutzen, aber aus unerfindlichem Grunde verweigerte uns ein Uniformierter den Zugang. Also hieß es: Die Koffer die Treppe hochschleppen. Mit extremem Gegenverkehr. Gesittete Treppenbenutzung mit Rechtsverkehr gibt es hier nicht.

Oben angelangt brach dann das Chaos pur über uns herein. Eine riesige aufgeregte Menschentraube stand vollkommen ungeordnet vor einem mit rotem Seil abgesperrten Durchgang. Dahinter befand sich die Tax-Stelle, an der man, wie Bat uns erklärt hatte, noch 12.500 Tugrig Flughafengebühr zahlen musste. Um bloß nicht mitten in diese Masse zu geraten, schoben wir uns millimeterweise immer mit dem Rücken an der Wand entlang Richtung Seil und stellten uns beunruhigt vor, was gleich bei Öffnung der Absperrung wohl für ein Orkan losbrechen würde.

Während wir überlegten, ob wir uns vielleicht erst mal in Sicherheit bringen und ganz nach hinten gehen sollten, fiel uns eine große weizenblonde Frau im Getümmel auf. Ein mongolischer Wagenschieber versuchte, mit seiner Gepäckwagenkolonne durchzukommen und gestikulierte, sie solle ihren Koffer wegschieben. Sie aber blaffte ihn in breitestem Norddeutsch an: „Ers moal können vor Lachen, junger Mann! Was nich geht, das geht nich!" Und auch danach senkte sie ihre Stimme nicht, sondern grölte immerzu vor sich hin: „Also, das is ja unmöchlich hier! Is ja `n Ding aus`m Dollhaus!" und ähnliches.

Wir waren natürlich mal wieder pikiert angesichts dieses legendären deutschen Benehmens im Ausland und guckten sie nur glasig an. Doch dann merkten wir, dass sie eine unerwartet starke Position hatte. Sie war nämlich in Begleitung einer sehr energischen mongolischen Reiseleiterin, deren Plan es offensichtlich war, ihren norddeutschen Schützling schon vorab durch die Absperrung zu bringen. Als wir das mitbekamen, ließen wir uns dann doch schnell dazu herab, uns als Deutsche zu outen und wurden von der tatkräftigen Mongolin dankenswerterweise gleich mit durchgeschleppt. Warum ausgerechnet für diese Frau (und uns Anhängsel) die Absperrung vorab geöffnet wurde, haben wir nicht verstanden. Eine generelle Begünstigung von Touristen konnte es nicht sein, denn aus dem Getümmel ragten auch noch andere westliche Köpfe mit Panik im Gesicht hervor, um die sich keiner kümmerte. Aber ernsthaft interessiert hat uns das in dem Moment nicht. Wir waren einfach froh über die bevorzugte Behandlung. Allerdings werden wir nun nie erfahren, wie das mongolische Massenverhalten bei Öffnung einer Absperrung aussieht.

An der Tax-Stelle ging es dann mehr oder weniger reibungslos vonstatten. Wir mussten zwar zuerst noch jeweils drei Dollar in Tugrig wechseln, weil wir nicht mehr ausreichend Geld hatten, aber das war`s dann auch. Einchecken und Passkontrolle gingen ungewöhnlich schnell, und nun sitzen wir hier neben unserer neuen Reisebekanntschaft und warten auf den Abflug.

Eine sehr auskunftsfreudige Person, die Weizenblonde, die übrigens Bremerin ist. Sie hat eine Reise mit dem Schwerpunkt Transsibirische Eisenbahn gemacht, und zwar als Gruppenreise, vom Veranstalter Lernidee-Reisen. Los ging es ebenfalls in Moskau, wo sie zwei Tage verbrachten, dann folgten vier Tage durchgehend im Zug. Der erste Stopp war erst in Irkutsk. Der nächste in Ulan-Ude, der letzte in Ulan Bator. Das war`s. Sie hat dann noch zusätzlich auf eigene Faust eine Verlängerung gebucht und war in der Ruinenstadt Karakorum.

Ihr schlimmstes Erlebnis war ebenfalls die russisch-mongolische Grenze. Zwei Stunden auf der russischen

Seite, zwei auf der mongolischen und dann noch mal zwei irgendwo im Nirgendwo, wo immer wieder Zollbeamte zum Kontrollieren in den Zug kamen.

Zuvor hatte es schon Riesentheater gegeben, weil der Reiseveranstalter nur Karten für den Waggon an sich gebucht, aber keine Plätze reserviert hatte. Als die Gruppe dann einsteigen wollte, behauptete die Schaffnerin, der Wagen sei voll, weil so viele Händler dort bereits ihre Waren verstaut hätten. Und trotz russischer Reiseleitung und Hinzuholen diverser Bahnhofsangestellten war nichts zu machen, und so wurde die Gruppe auf den ganzen Zug verteilt.

„Nee, das woar überhaupt nix. Man will doch mit seinen Leuten zusammen sein...“

Diese ihre Leute waren übrigens lauter wackere Rentner, unsere Bremerin war mit ihren 41 Jahren mit Riesenabstand die Jüngste. Aber die seien alle sehr munter gewesen.

„Wie die doa manchmal ausm Zuch gesprungen sind, wenn der Boahnsteig so niedrich woar... Hätt ich mich joa nie getraut.“

Einige hätten – Tipp aus dem Reiseführer – Fensterreiniger und Teleskopstiel dabeigehabt, seien bei jedem Stopp auf den Bahnsteig gestürmt und hätten von dort aus die Scheiben geputzt.

„Doa hättet ihr moal die Russen am Bahnhof sehen müssen – was die immer geguckt hoaben, das war die reinste Wonne.“

Dreimal täglich kämpfte sich die Gruppe durch den halben Zug zum gemeinsamen Essen im Restaurant.

„Das woar der reinste Teutonentrupp immer. Und die Schaffnerin hat sich goanz schlimm beschwert, dass der Letzte nie die Tür vom Waggon zugemoacht hat!“

Enttäuscht waren alle über die russische Reiseleitung. Schließlich hatten sie extra eine Studienreise gebucht, aber geboten wurde nur die Fähigkeit der Reiseleiterin, deutsch zu sprechen. Im Programm stand: Russischkurs sowie landeskundliche Vorträge. Beides fiel aus. Auf Nachfrage bezüglich des Russischkurses antwortete die Reiseleiterin, man könne ja fragen, was man wissen wolle. So etwas wie Lernmaterial hatte sie nicht einmal dabei. Und über ihr eigenes Land wusste sie auch kaum etwas, die häufigste Antwort war ein gleichgültiges „Weiß ich nicht“.

11.15 Uhr

„Das neeeaavt! Die Leute nehmen einem joa die ganze Luft zum Atmen mit ihrem Im-Gang-Rumgestehe.“

Die Bremerin sitzt in der Reihe hinter uns, am Gang. Wir sind im Flugzeug. Sieben Stunden Flug in Richtung Moskau liegen vor uns.

12.30 Uhr (Moskauer Zeit)

Moskau, am Flughafen

Die Einreise nach Russland war wieder fürchterlich. Zuerst erwartete uns direkt nach dem Aussteigen unglaublich langes und unkoordiniertes Schlangestehen vor drei Schaltern, die keine Aufschrift hatten, so dass wir gar nicht wussten, was da passieren würde.

Als wir endlich an der Reihe waren, stellte sich heraus, dass man dort die Bordkarte für seinen Weiterflug bekam.

Oder auch nicht. Denn unserer Bremerin wurde mitgeteilt, dass sie ihre Bordkarte erst um 15 Uhr erhalten würde. Allerdings nur vielleicht. Denn sie hätte ja keine Reservierung und würde nur auf der Warteliste stehen. In ihrer uns schon bekannten Art grölte sie gleich los: „Also, das gibt`s doch wohl goar nicht!" und stürmte wie ein Irrwisch davon.

Nina bekam ebenfalls gesagt, ihre Bordkarte wäre um 15 Uhr abzuholen, am Transit office. Auf die Frage, wo das denn sei, zeigte die sehr mürrische Dame in eine unbestimmte Richtung hinter sich. Ich dagegen hatte Glück und bekam meine Bordkarte sofort ausgehändigt.

Nun warten wir, was um 15 Uhr passiert.

15.25 Uhr

Alles ist gutgegangen, sowohl die Bremerin als auch Nina haben ihre Bordkarten bekommen. Die Aufregung war also umsonst. Aber das weiß man ja vorher nicht. Inzwischen scheint uns alles möglich. Jetzt sitzen wir gerade in einem oder besser vor einem ... ja, wie soll man es nennen... Restaurant? Lange Tischreihen mit Plastikstühlen, Kantinenatmosphäre. Sieht nach Selbstbedienung aus, doch das täuscht. Es gibt eine Kellnerin, die für das Bedienen der Gäste zuständig ist. Wir sehen sie, sie sieht uns. Mehr passiert nicht. Die Dame findet es wichtiger, an ihren Fingernägeln herumzupulen. Unsere Bremerin hat schon mehrfach kräftig, aber erfolglos gewunken (ich weiß, es muss „gewinkt" heißen, aber mit „gewunken" bin ich nun mal aufgewachsen).

15.40 Uhr

Wir haben klein beigegeben und sind weggegangen. Die wollten einfach keinen Umsatz machen. Jetzt sitzen wir im Abflugbereich an einer ganz kleinen Bar und haben immerhin Instantkaffee, schon mit Zucker und Milch angereichert, bekommen.

16.15 Uhr

Großes Abschiednehmen. Die Bremerin ist schon weg, mein Flug geht gleich, Nina muss noch eine Stunde warten. Das ist natürlich schon komisch, nach so einem intensiven 24-Stunden-Zusammensein über mehr als zwei Wochen jetzt hier im Abflugbereich plötzlich allein zu sitzen.

16.45 Uhr

Im Flugzeug nach Frankfurt.
Zeit für ein Fazit.

Also, erstens: Nina und ich haben uns richtig gut verstanden. Das war ja gar nicht selbstverständlich, denn so auf uns beide zurückgeworfen waren wir schließlich vorher noch nie. Obwohl wir vom Naturell her ziemlich unterschiedlich sind, gibt es doch auch sehr viel Übereinstimmendes, und zwar in den entscheidenden Dingen: Wir bewegen uns im gleichen Tempo, sind gleichzeitig müde, haben gleichzeitig Hunger, sind nicht auf nächtliches Ausgehen aus, haben kein Interesse am Stylen und Aufdonnern (jedenfalls nicht auf Reisen) und vieles mehr.

Wir haben uns beide nur jeweils einmal über die andere gewundert: Ich mich über Nina, als sie ihre nervösen fünf Minuten in Dimitris Taxi hatte, Nina sich über mich, als ich den idiotischen Kumpel von diesem Daniel so angeblasen habe. Das ist doch eine durchaus akzeptable Ausbeute.

Zweitens: Das Wetter hat uns einen recht beträchtlichen Teil der Reise verdorben. Natürlich muss nicht immer die Sonne scheinen, aber wenn es in Strömen gießt und dazu noch so kalt ist, ist halt alles nichts. Sicher war unsere Reisegarderobe nicht ganz angemessen, aber auch wenn ich einen dickeren Pullover und einen Schirm dabei gehabt hätte, wäre ja alles grau in grau geblieben und der Regen hätte dann eben auf den Schirm statt auf die Kapuze getrommelt. Kaum besser.

Drittens: Das Reisen im Zug hatte ich mir ganz anders vorgestellt. Was habe ich nicht alles darüber gelesen! Von Wodkagelagen, spontanen Verbrüderungsszenen, Schmugglern mit Tonnen von Waren, Mütterchen mit fettigen, aber köstlichen Fressalien an den Bahnsteigen und und und. Nichts davon in unserem Fall. Zugegeben, allzu viel Zeit haben wir ja auch nicht im Zug verbracht, und wenn, dann schlafend (oder auch nicht). Aber auch wenn man am Tag fährt, so hält man sich doch immer in seinem Abteil mit den Betten auf, wenn man nicht im Gang rumhängen will. Wie es da zu oben genannten Begegnungen kommen soll, ist mir schleierhaft.

Überhaupt ist eine Erkenntnis dieser Reise, dass ich mir nicht vorstellen kann, eine reine Zugreise zu machen. Die richtige Transsibtour, sieben Tage und Nächte nur im Zug, würde mich wohl rasend machen. Selbst wenn ich davon ausgehe, dass ich mich an die harten Betten gewöhnen würde. Aber ich bin einfach kein Zug-Typ.

Wenn ich aber doch noch mal so etwas machen würde, dann würde ich mich im Vorfeld sehr befassen mit solchen Dingen wie Abfahrtszeiten und Dauer von Grenzaufenthalten. Das war echt fürchterlich da in Nauschki!

Viertens: Mit besseren Russischkenntnissen wäre die Reise sicher noch interessanter geworden. Zum Beispiel der Aufenthalt bei Galina. Die hätte ich wirklich gern näher kennengelernt – vor allem seit ich weiß, dass sie die Witwe eines hohen Parteifunktionärs war. Und selbst wenn wir nur mit ihr gemeinsam vor ihrem kleinen Fernseher gehockt und über irgendeine Sendung gelacht hätten...

Fünftens: Ich denke, nach Sibirien oder auch nach Russland generell muss ich erst mal nicht mehr reisen. Ich habe einen ersten Eindruck gewonnen, den ich aber nicht unbedingt vertiefen muss. Ein bisschen zu traurig ist es mir da...

Sechstens: Die Mongolei steht weiterhin auf unserer Liste der geplanten Reiseziele. Vielleicht wagen wir doch einen Trip in die Wüste, jetzt, wo wir zumindest einen (guten) Eindruck von Land und Leuten haben. Und ich würde zu gerne mal auf so einem kleinen mongolischen Pferd reiten.

Siebtens: In beiden Ländern waren wir als Frauen irgendwie nicht sehr gefragt, obwohl wir – bei aller Bescheidenheit – nicht gerade überbordend hässlich sind. Wir wurden wirklich überhaupt nicht beachtet. In der

Mongolei habe ich ja nicht unbedingt mit Interesse gerechnet, nachdem ich im letzten Jahr in China schon die Erfahrung gemacht habe, dass man uns Langnasen bestenfalls für ulkig-interessant hielt und uns als Exoten gern fotografierte. Aber in Russland war ich über dieses Desinteresse schon überrascht. Wo doch Frau Kretschmanns Ehemann mir dieses Kompliment gemacht hat… Vielleicht lag es wirklich an unserem Stil. Jeansjacken, Treckinghosen, Turnschuhe, dazu noch alles dreckig, die Haare einfach irgendwie zusammengebunden – die russische Frau gibt sich wirklich deutlich mehr Mühe.

Achtens: Ein bisschen mehr zu essen wäre nicht schlecht gewesen. Ich habe wirklich deutlich abgenommen. Nina nannte mich in den letzten Tagen immer „Spitzmaus“.

Neuntens: Ich bin eigentlich froh, wieder nach Hause zu kommen. Ein paar Tage länger hätte ich noch verkraftet, aber so eine lange Reise wie die drei aus München – dreißig Tage – wäre mir wirklich zu lang. Zumindest in dem Stil, in dem wir jetzt gereist sind. Fast jeden Tag woanders, ständig neue Eindrücke und Reize. Sehr viel mehr könnte ich nicht aufnehmen. Ich bin im wahrsten Sinne des Wortes überreizt.

Wenn ich ehrlich bin: Eigentlich bräuchte ich jetzt erst mal Urlaub!

Teil 3: Was danach noch passierte

August

Immer noch Sonntag, 24. August
23.15 Uhr (deutsche Zeit)
Frankfurt. Bei Matthias.
Hilfe, mir ist so sterbensschlecht! Zur Feier der Ankunft war ich vorhin noch Essen mit Matthias. Ich bestellte mir eine Pilzpfanne, konnte davon aber schon nur ganz wenig essen, obwohl ich doch eigentlich Hunger hatte. Aber irgendwie war eine Sperre in mir. Und jetzt ist mir ganz seltsam zumute.

01.35 Uhr
Oh Mann, ist mir elend. Ich kann jetzt schon nicht mehr zählen, wie oft ich im Bad war. Eigentlich könnte ich meine Bettdecke hierher holen und mein Lager direkt neben der Toilette aufschlagen. Hoffentlich hat Matthias wenigsten einen guten Schlaf. Das alles ist mir ja so was von peinlich…

Montag, der 25. August
06.30 Uhr
Habe kaum geschlafen. Musste mindestens einmal pro Stunde zum Klo.

09.25 Uhr
Sitze im Zug nach Hause.
Bin so was von schwach. Nehme alles nur wie durch Nebel wahr. Habe gerade im Bahnhof die Klassiker Zwieback, Salzstangen und Cola gekauft. Aber wenigstens gibt mein Magen zurzeit Ruhe und ich muss nicht auch noch ständig die Zugtoilette in Anspruch nehmen.
Oh Mann, womit hab ich das verdient?? Ein mehr als unschönes Ende dieser Reise.

September

Ich war ja dermaßen krank! So krank, dass ich es selbst gar nicht registriert habe. Mich hat es gar nicht so sehr gestört, dass ich tagelang Durchfall und gleichzeitig keinen nennenswerten Appetit hatte. Ich war irgendwie immer leicht abwesend, und diese neue sehr schlanke Linie an mir fand ich sogar recht schick.

Bis mein Herr Gemahl mich nach einigen Tagen zum Hausarzt beförderte und dieser entsetzt war. So etwas hätte er überhaupt noch nie gesehen, meinte er, als ich ihm eine sogenannte Stuhlprobe ablieferte. Ich fand das Spinatgrün eigentlich ganz witzig, aber der Herr Doktor konnte nicht so recht darüber lachen. Er war ernstlich besorgt und kam eigens am Samstag in die Praxis, um mich noch einmal zu untersuchen. Und rief mich auch am Sonntag an, um zu fragen, wie es geht. Die Laboruntersuchung erbrachte kein Ergebnis, weil viele Bakterienarten wohl außerhalb des Körpers sofort absterben. Der Arzt vermutete Amöben und verschrieb mir auf Verdacht Antibiotika dagegen. Und tatsächlich halfen diese. Aber trotzdem war ich fast eine Woche lang noch reichlich schwach.

Natürlich habe ich mich gefragt, was die Ursache war. Auf die ungewaschenen Tomaten in Nauschki kann ich mich wohl nicht mehr berufen. Entweder hatte schon Nina sich einen Virus eingefangen, und sie hat mich angesteckt. Oder das sich erbrechende Kind von Anna war schuld. Oder das Fleisch bei der Familie mit der Jurte. Das hat Nina nämlich nicht gegessen. Also, ich weiß es nicht und werde es auch nie rausbekommen. Das Wichtigste ist ja, dass ich wieder gesund geworden bin.

November

Nina hat sich mit Bernhard getroffen. Er hatte beruflich in Basel zu tun, und die zwei gingen abends in eine Bar. Und dann passierte das, was wir in Russland immer befürchtet hatten: Nina wurde bestohlen! Die beiden saßen am Tresen, und Nina hatte ihre Bürotasche an einen Haken unten bei ihren Beinen gehängt. In dieser Tasche befand sich ihre Handtasche, darin wiederum ihr Portemonnaie. Und der unglaublich dreiste Dieb hat es geschafft, dieses herauszufischen, so dass sie es erst beim Bezahlen bemerkte. Da war natürlich Holland in Not, sie ließ Bernhard Bernhard sein und wetzte nach Hause, um alles Notwendige zu veranlassen.
Nina hat nie wieder etwas von Bernhard gehört.

März

Über unser nächstes Reiseziel sind wir uns schnell einig geworden: Indien!

Jetzt geht es wieder los: Die beste Jahreszeit auswählen, einen Reiseveranstalter finden, Reiseführer studieren, „Kulturschock Indien“ lesen. Ich bin schon so gespannt, was uns dort erwartet…

8552941R00136

Printed in Germany
by Amazon Distribution
GmbH, Leipzig